AF345516

Joseph Gikatilia

Le livre des Paraboles

Séfer haMashlim

סֵפֶּר הַמַּשְׁלִים

Traduction de l'hébreu, avant-propos et notes
de
Georges Lahy

Éditions Lahy

Du même auteur

Spiritualité de la Kabbale, Éd. Présence, 1986.
Kabbale et destinée, Éd. Présence, 1986/1994
Lumières sur la Kabbale, Éd. Jeanne Laffitte, 1989.
Kabbale extatique et Tsérouf, 1993.
Vie mystique et Kabbale pratique, 1994/2003.
Le Sépher Yetsirah, 1995.
Le Grand Œuvre de Jonas, 1996.
L'Alphabet hébreu et ses symboles, 1997.
Les 72 Puissances de la Kabbale, 1999.
La Voix du corps, 2002.
Paroles de nombres, 2003.
Abécédaire du langage des animaux, 2004.
Dictionnaire encyclopédique de la Kabbale, 2005.
Ésh meTsaréf, le feu de l'alchimiste – Traduction et annotations, 2006.
Les Assemblées initiatiques du Zohar – Traductions et annotations, 2006.
Les mystères de la dent, avec Gérard Athias, Éd. Pictorus, 2009.
La Voix des maux, 2010.
Le Trône de Joie, 2015.
Kabbale et couleurs, 2016.
Le coffret ABC des Lettres Hébraïques - Le livre + les 22 cartes d'Otiyoth - Éd. Grancher, 2017.
Aboulâfia – La Quête du kabbaliste, 2019.
Dictionnaire de Guimatria, 2020.

Chez le même éditeur

Les Portes de la lumière, Shaaréi Orah de Joseph Gikatilia, 2001/2003.
L'immortalité de l'âme chez les Juifs, de Gidéon Brécher (2004).
Abécédaire du langage des maux, de Orén Zétah (2004).
Les Symboles des Égyptiens, de Frédéric Portal (2008).
La Lampe divine, Nér Élohim, Abraham Aboulâfia, 2008.
Divorce des Noms, Guét ha-shémoth, Abraham Aboulâfia, 2009.
Le Livre de la Réponse adéquate, de Jacob ben Shéshéth (2010).
La vie du Monde à venir, Ḥayéh haolam Haba, Abraham Aboulâfia, 2019.
Le Livre du Signe, Séfer haOth, Abraham Aboulâfia, 2007- 2019.
Textes de la Kabbale provençale : Séfer iyyoun, Séfer Mayan haḥokhmah, 2020.
Ode à la Création, Péréq Shirah, 2020.
L'Art bref – Ars brevis – Raymond Lulle, 2020.

Avant-propos

Le *Livre des paraboles* apparaît comme un aparté dans l'œuvre immense du kabbaliste médiéval Joseph Gikatilia. On le rencontre parfois sous le titre : *Shaâr meshalim* (Porte des Paraboles). Ce texte de sagesse et de morale médiévale, tardivement retrouvé, fut republié pour la première fois en 1962 sur la base de manuscrits, par Baruch Heifetz. Dans cette édition, le *Séfér haMashlim* (Livre des Paraboles) [סֵפֶר הַמַּשְׁלִים] y est réuni avec un autre texte du rabbi Gikatilia : *Klaléi hamitsvoth* [Les Règles des *Mitsvoth*] [כְּלָלֵי הַמִּצְוֹת]. Le livre a été par la suite réédité en 1992 par les éditions Ḥamad de Safed.

Joseph ben Abraham Gikatilia est né en 1248 à Medinaceli, en Espagne, et il est mort à Penafiel, au Portugal, en 1325. Très jeune, il fut initié à la Kabbale, entre 1272 et 1274, par Abraham Aboulâfia qui le décrivit comme le plus brillant de ses disciples en l'honorant du titre de « *Lumière de la Torah* ». Au début, Gikatilia fut très influencé par la Kabbale extatique et prophétique d'Aboulâfia, tout en montrant une grande sympathie pour la philosophie. Fort des enseignements kabbalistiques reçus, il rédigea en 1275 son premier ouvrage majeur : *Guinath égoz* (*Jardin de la noix*). Un ouvrage cosmologique et métaphysique fondé sur une analyse du système linguistique d'Aboulâfia. Cet ouvrage montre qu'il possédait une connaissance considérable des sciences profanes et qu'il connaissait les travaux d'Ibn Gabirol, d'Ibn Ezra, de Maïmonide et de bien autres.

Dans la suite de son œuvre, il s'émancipera de l'influence d'A. Aboulâfia et construira un système théosophique autour des *sefiroth* et de leurs attributs, de façon claire et détaillée. Deux de ses plus importants ouvrages en témoignent : *Shaâréi orah* (Portes de la lumière) et *Shaâréi Tsédéq* (Portes de la justice). Il fut longtemps un maître notoire au sein du cercle kabbalistique de Ségovie.

Aux environs de 1280, il fut vraisemblablement le maître de Moïse de Léon, qui rédigea le *Livre du Zohar*, un écrit dont les motifs centraux portent la marque des enseignements de Gikatilia.

Des témoins de son temps ont relaté que sa connaissance kabbalistique était si profonde, qu'il fut doté de la capacité d'accomplir des miracles. À ce titre on l'appelait *Joseph Baâl ha-Nissim*.

Dans le *Livre des Paraboles*, Joseph Gikatilia aborde le thème de l'influence et de la maîtrise du *yétsér haraâ* (mauvais penchant) par le *Remez*, une méthode d'enseignement par allusions. L'utilisation des paraboles et des allégories est une façon douce d'enseigner la sagesse, la morale et la philosophie. C'est un procédé apprécié des maîtres pour faire passer leurs enseignements sans nécessairement faire appel à des concepts intellectuels complexes.

Le Sage roi Salomon fut considéré comme le maître des paraboles, ou des proverbes. Cela est allusivement inscrit dans son nom hébreu : *Shlomoh* [שְׁלֹמֹה]. Qui est l'anagramme de *ha-mashal* [הַמָּשָׁל], « la parabole (ou le proverbe) », ou tout simplement *himishal* [הִמְשִׁיל], ce qui signifie : comparer, faire des équivalences. La tradition nous enseigne que le *Livre des Proverbes* de la Bible est le premier qui fut écrit par Salomon, plaçant ainsi la méthode des paraboles à la base des enseignements de la sagesse :

ג' ספרים כתב משלי וקהלת שיר השירים אי זה מהן כתב תחלה ר' חייא רבה
ורבי יונתן רבי חייא רבה אמר משלי כתב תחלה ואח"כ שיר השירים ואח"כ
קהלת ומייתי לה מהאי קרא וידבר ג' אלפים משל, משל זה ספר משלי, ויהי
שירו חמשה ואלף זה שיר השירים, וקהלת בסוף.

[Salomon] a écrit trois livres : Les *Proverbes*, *L'Ecclésiaste* et Le *Cantique des Cantiques*. Lequel d'entre eux a-t-il écrit en premier ? [Discussion entre] Rabbi Ħiya Rabbah et Rabbi Yonathan – Rabbi Ħiya Rabbah : D'abord les *Proverbes*, puis le *Cantique des Cantiques*, et enfin *l'Ecclésiaste*. Et la preuve de cela est tirée du verset suivant : « *Et il a énoncé 3000 paraboles* ». « *Paraboles* » se réfère aux *Livre Proverbes*. « *Son chant : 1005* », cela se réfère au *Cantique des Cantiques*, et *l'Ecclésiaste* est mentionné à la fin. - Shir hashirim rabbah 1:10 -.

Le nombre important de 3000 paraboles, mentionné ici, fait lui-même allusion au fait que chaque parabole possède plusieurs niveaux d'interprétation :

וידבר שלשת אלפים משל (מלכים א' ה'), א"ר שמואל בר נחמני חזרנו על כל המקרא ולא מצינו שנתנבא שלמה אלא קרוב לשמונה מאות פסוקים, ואת אמרת שלשת אלפים, אלא מלמד שכל פסוק ופסוק שנתנבא שלמה יש בו שנים ושלשה טעמים.

« *Et il a énoncé 3000 paraboles*[1] » – Rabbi Shmouel bar Naħmani : Nous avons parcouru chaque verset et nous avons trouvé que Salomon n'a prophétisé qu'environ 800 versets, mais tu dis 3000. Cela nous apprend plutôt que chaque verset prophétisé par Salomon a deux ou trois significations (saveurs). - Qohéléth rabbah 7:2 -.

Ces niveaux de « saveurs » des paraboles sont allusivement mentionnés, dans le verset du *Livres de Proverbes* de Salomon : « *Des pommes d'or dans un écrin d'argent, est une parole dite à propos* [2] ». Sur ce verset, Maïmonide écrit dans son *Guide des Perplexes* :

Cela signifie que selon Salomon, pour une chose qui a deux significations – c'est-à-dire qui a une interprétation révélée et une interprétation ésotérique –, son interprétation révélée doit être aussi belle que

---

[1] Rois I 5:12.
[2] Proverbes 25:11.

l'argent, mais que sa signification ésotérique doit être encore meilleure que celle révélée, au point que l'interprétation interne relative à celle révélée doit être comme l'or par rapport à l'argent.

De plus, les paraboles sont considérées comme une antichambre de la Sagesse et une préparation aux *Mystères de la Torah (Sitréi Torah)* :

עד שלא עמד שלמה לא היה אדם יכול להשכיל דברי תורה וכיון שעמד שלמה התחילו הכל סוברין תורה... מדבר לדבר ממשל למשל עמד שלמה על סודה של תורה דכתיב (משלי א) משלי שלמה בן דוד מלך ישראל ע"י משלותיו של שלמה עמד על דעת תורה, ורבנן אמרין אל יהי המשל הזה קל בעיניך שע"י המשל הזה אדם יכול לעמוד בדעת תורה...

Avant que vive Salomon, aucun humain n'était capable d'appréhender les mots de la *Torah*. Lorsque Salomon vécut, tout le monde commença à entrevoir la *Torah* […] De mot en mot, de parabole en parabole, Salomon saisit les secrets de la *Torah*, comme il est dit « *Proverbes de Salomon, fils de David, roi d'Israël* ». À travers les paraboles de Salomon, se perçoit la Connaissance de la *Torah*. Les Maîtres ont dit : La parabole ne doit pas paraître désuète à vos yeux, car à travers la parabole, l'humain peut s'élever dans la Connaissance de la *Torah*. – Shir hashirim rabbah –.

Dans l'introduction de ce livre, Joseph Gikatilia propose son explication quant au rôle de la méthode de la parabole, qui permit à Salomon de révéler au monde la grandeur de la Sagesse

והנה שלמה ע"ה כשרצה להראות גודל חכמתו לבני אדם לא יכלו המון העם להשיגה אלא על ידי המשלים שתקן להם, וזה שאמר הכתוב (קהלת יב ט) ויותר שהיה קהלת חכם עוד למד את דעת העם ואזן וחקר תקן משלים הרבה. והמשלים לא נעשו אלא להבין הדברים העמוקים הדקים לאותם שאינם יכולים להבינם מרוב עומקם ודקותם, וזה שאמר בראש משלי, משלי שלמה בן דוד מלך ישראל, מה כתיב בתריה לדעת חכמה ומוסר להבין אמרי בינה, מה כתיב בתריה לקחת מוסר השכל צדק ומשפט ומשרים, מה כתיב בתריה לתת לפתאים ערמה לנער דעת ומזמה, בכאן הודיע שלמה ע"ה כח המשלים ומעלתם ועד היכן תועלתם מגעת.

Et voici que lorsque Salomon voulut montrer aux humains la grandeur de sa Sagesse, les foules ne pouvaient la saisir qu'à travers les paraboles qu'il leur composait. C'est ce qui est dit : « *Et de plus, parce que le Qohéléth était sage, il a encore enseigné la connaissance au peuple. Il a pesé et sondé et mis en ordre beaucoup de paraboles*[3] ». Ces paraboles n'étaient faites que pour expliquer les choses profondes et précises à ceux qui ne pouvaient pas les comprendre autrement à cause de leur grande profondeur et de leur subtilité. Et c'est ce qui est dit au début du *Livre des Proverbes* : « *Paraboles de Salomon, fils de David, roi d'Israël*[4] ». Qu'est-il écrit ensuite ? : « *Pour la Connaissance de Ḥokhmah et l'instruction, pour faire comprendre les discours de Binah*[5] ». Qu'est-il écrit ensuite ? : « *Pour recevoir une instruction de raison, Justice, équité et droiture*[6] ». Qu'est-il écrit ensuite ? : « *Pour donner de la ruse aux simples, à l'adolescent de la Connaissance et de la réflexion*[7] ». Ici, Salomon a fait connaître le pouvoir des paraboles et de leur mérite, et la portée de leur bénéfice.

Dans son *Livre des Paraboles*, Joseph Gikatilia pose tout d'abord une question, selon la forme : *lemah domah* [לְמָה דּוֹמָה], « *à quoi est comparable (similaire) ?* ». Par exemple, avec la parabole #39 :

לְמָה יֵצֶר הַטּוֹב דּוֹמֶה תְּחֶלָה בִּפְנֵי יֵצֶר הָרַע ?

À quoi le *yétsér hatov* (bon penchant) précédé du *yétsér harâ* (mauvais penchant) est-il comparable ?

Il fournit ensuite l'essence de la parabole en réponse :

לְחָכָם עָנִי שׁוֹכֵן תַּחַת מֶמְשָׁלַת עָשִׁיר וְרָשָׁע:

---

[3] Ecclésiaste 12:9.

[4] Proverbes 1:1.

[5] Proverbes 1:2.

[6] Proverbes 1:3.

[7] Proverbes 1:4.

À un sage qui est pauvre et qui vit sous un gouvernement riche et *rashâ (méchant)*.

Il propose ensuite une explication détaillée de la parabole :

פירוש- משעת יצירת הולד מתחזק יצר הרע בנוצר, וכשהולד מתגדל היצר הרע מתגדל עמו...

EXPLICATION – Dès la formation du fœtus, le *yétsér harâ* domine sa formation et, à mesure que le fœtus grandit, le *yétsér harâ* grandit avec lui...

Pour les maîtres, tels que Joseph Gikatilia, la parabole a pour première fonction d'aider à repérer l'œuvre du mauvais penchant (*yétsér harâ*), le dominer, afin de rétablir le bon penchant (*yétsér hatov*).

C'est ainsi que l'entendra également plus tard le Gaôn de Vilna (1720-1797), dans son commentaire du *Livre des Proverbes* de la Bible.

(ב) לדעת ענין הספר היא לדעת חכמה ומוסר וגו' לידע חכמה שלא יפול ברשת היצה"ר אשר הוא פורש לרגליו ושלא יתפתה בפתויו. ומוסר אם יצרו מתגבר עליו ליסר את עצמו ולשבור אותו... והיינו אותן שכבר ביד יצרם והם אסורים תחת ידו וגבר עליהם מאד יצאו ע"י המוסר ואותן שהם בחושך שלא ראו אור ואינן מכירים פיתויו ע"י התורה יגלו להם ויכירו פיתויו.להבין אמרי בינה כי אף אם ישבר את יצרו ותאותו יראה לשבר בדרך התורה ולא יהיה צדיק הרבה יותר ממה שכתוב בתורה.

Connaître les idées du livre, c'est connaître la Sagesse et la morale, etc. Connaître la Sagesse, pour ne pas tomber dans le piège du « *mauvais penchant* » (*yétsér harâ*), qu'il étend devant tes pieds, et pour ne pas être attiré par ses tentations. La morale est faîte pour celui sur qui le « *mauvais penchant* » (*yétsér harâ*) l'emporte, qui le torture et le brise... Ceux qui sont déjà sous la coupe de leur « *mauvais penchant* » (*yétsér harâ*) et qui sont dépendants de sa main qui les accable grandement, en sortiront par la morale. Et ceux qui sont dans l'obscurité et ne voient plus la lumière, c'est-à-dire qui ne se reconnaissent pas les tentations (du mauvais penchant), c'est par la *Torah* qu'elles leur seront révélées et qu'ils en connaîtront les tentations. Saisissez les mots de Compréhension (*Binah*), car même celui qui brise son « *mauvais penchant* » (*yétsér harâ*) et son désir, doit s'assurer de le faire dans la voie de la *Torah*. Il ne deviendra pas plus *Tsadiq* (Juste) que ce qui est écrit dans la *Torah*.

La morale et l'éthique de ce livre doivent être replacées dans leur époque et leur contexte. Certaines de ces paraboles traversent aisément le temps, alors que quelques autres seront réfutées par la morale moderne. Mais comme il est souvent dit : « *Il faut éviter de relire l'histoire avec des lunettes du XIe siècle* ». En d'autres temps, d'autres mœurs.

Les 147 questionnements

1. À quoi la Création d'*Adam HaRishon* (le premier homme), est-elle comparable ?

2. À quoi le péché d'Adam, le premier homme, est-il comparable ?

3. À quoi le bien et le mal entre les mains d'Adam, sont-ils comparables ?

4. À quoi le péché d'Adam, le premier homme, est-il comparable ?

5. À quoi un *tsadiq* (juste) vertueux est-il comparable ?

6. À quoi l'âme dans le corps est-elle comparable ?

7. À quoi l'âme est-elle comparable pendant l'enfance ?

8. À quoi, l'âme est-elle comparable pendant l'adolescence ?

9. À quoi, l'âme est-elle comparable pendant la vieillesse ?

10. À quoi l'âme d'un *rashâ* (méchant) est-elle comparable ?

11. À quoi l'âme du *tsadiq* vertueux, lorsqu'elle quitte son corps, est-elle comparable ?

12. À quoi l'âme du *rashâ (méchant)*, lorsqu'elle quitte son corps, est-elle comparable ?

13. À quoi celui qui est méritant et qui influence les autres pour qu'ils soient méritants est-il comparable ?

14. À quoi celui qui pèche et fait pécher les autres est-il comparable ?

15. À quoi l'âme d'un sage est-elle comparable ?

16. À quoi l'âme d'un fou est-elle comparable ?

17. À quoi la Sagesse d'une personne est comparable ?

18. À quoi l'Intelligence chez une personne est-elle comparable ?

19. À quoi la Connaissance chez une personne est-elle comparable ?

20. À quoi celui qui est intelligent, mais qui n'a pas acquis la Sagesse, est-il comparable ?

21. À quoi un sage parmi les fous est-il comparable ?

22. À quoi la Sagesse et la crainte du péché sont-ils comparables ?

23. À quoi la sagesse sans la crainte du péché est-elle comparable ?

24. À quoi un enseignant, vis à vis ses élèves, est-il comparable ?

25. À quoi les élèves sont-ils comparables par rapport à leur professeur ?

26. À quoi une personne solitaire, engagée dans la poursuite de la Sagesse, est-elle comparable ?

27. À quoi les nombreux compagnons, engagés dans la poursuite de la Sagesse, sont-ils comparables ?

28. À quoi un juge est-il comparable ?

29. À quoi un juge qui siège est-il comparable ?

30. À quoi la jalousie des *tsadiqim* (justes) est-elle comparable ?

31. À quoi la jalousie des *reshaïm* (méchants) est-elle comparable ?

32. À quoi la jalousie de l'homme envers sa femme est comparable ?

33. À quoi les bonnes actions, face aux épreuves et à la souffrance, sont-elles comparables ?

34. À quoi les mauvaises actions, face aux épreuves et à la souffrance, sont-elles comparables ?

35. À quoi le *tsadiq* vertueux, face aux épreuves et aux difficultés, est-il comparable ?

36. À quoi le *rashâ*, face aux épreuves et à la souffrance, est-il comparable ?

37. À quoi le *yétsér hatov* (bon penchant) et le *yétsér harâ* (mauvais penchant) sont-ils comparables ?

38. À quoi le *yétsér hatov* précédé du *yétsér harâ* est-il comparable ?

39. À quoi le *yétsér harâ* dans l'être humain est-il comparable ?

40. À quoi le *yétsér harâ* d'un nourrisson est-il comparable ?

41. À quoi l'intention du *yétsér harâ*, durant le développement et la croissance d'un humain, est-elle comparable ?

42. À quoi le *yétsér harâ* durant l'adolescence est-il comparable ?

43. À quoi le *yétsér harâ* chez une personne qui a commencé à pécher est-il comparable ?

44. À quoi le *yétsér harâ* chez celui qui pèche à répétition est-il comparable ?

45. À quoi le *yétsér harâ* chez les *reshaïm* est-il comparable ?

46. À quoi le *yétsér harâ* chez les *tsadiqim* est-il comparable ?

47. À quoi le *yétsér harâ* dans un *béinoni* (intermédiaire) est-il comparable ?

48. À quoi le *yétsér harâ* chez les *tsadiqim* à l'approche du moment de la mort est-il comparable ?

49. À quoi le *yétsér harâ* chez les *reshaïm* à l'approche du moment de la mort est-il comparable ?

50. À quoi un péché dans l'âme est-il comparable ?

51. À quoi un péché bénin, devenu coutumier, est-il comparable ?

52. À quoi le repentir d'un péché grave est-il comparable ?

53. À quoi le châtiment du *rashâ* (méchant) pour son péché est-il comparable ?

54. À quoi les afflictions dans ce monde sont-elles comparables ?

55. À quoi celui qui était en bonne santé et qui est atteint d'une maladie grave est-il comparable ?

56. À quoi le jour de la mort des *tsadiqim* (justes) est-il comparable ?

57. À quoi le jour de la mort des *reshaïm* (méchants) est-il comparable ?

58. À quoi les *reshaïm* punis au *shéol* sont-ils comparables ?

59. À quoi la *teshouvah* (repentance) est-elle comparable ?

60. À quoi la *teshouvah* chez les jeunes est-elle comparable ?

61. À quoi la *teshouvah* durant la vieillesse est-elle comparable ?

62. À quoi la douleur de la *teshouvah* dans la jeunesse est-elle comparable ?

63. À quoi la douleur de la *teshouvah* dans la vieillesse est-elle comparable ?

64. À quoi, aux yeux du Saint, béni soit-Il, la *teshouvah* dans la jeunesse par rapport à la *teshouvah* durant la vieillesse, est-elle comparable ?

65. À quoi ce Monde-ci (*Ôlam hazéh*) est-il comparable ?

66. À quoi le Monde-à-Venir (*Ôlam haBa*) est-il comparable ?

67. À quoi celui qui place sa confiance en *Yhwh*, béni soit-Il, est-il comparable ?

68. À quoi une personne qui place sa confiance dans l'humain est-elle comparable ?

69. À quoi les riches sont-ils comparables ?

70. À quoi un riche *tsadiq* vertueux est-il comparable ?

71. À quoi une personne pauvre est-elle comparable ?

72. À Quoi un *tsadiq* vertueux, qui est pauvre, est-il comparable ?

73. À quoi le *lashon harâ* (médisance) est-il comparable ?

74. À quoi la colère est-elle comparable par rapport à l'intellect ?

75. À quoi la colère en regard du *yétsér harâ* est-elle comparable ?

76. À quoi l'impudicité est-elle comparable ?

77. À quoi la controverse parmi les foules est-elle comparable ?

78. À quoi la paix est-elle comparable ?

79. À quoi le plaisir du corps est-il comparable ?

80. À quoi une personne qui bâcle ses affaires par cupidité est-elle comparable ?

81. À quoi une personne qui est patiente dans ses affaires est-elle comparable ?

82. À quoi la nourriture pour le corps est-elle comparable ?

83. À quoi une personne qui mange avant de vider ses intestins est-elle comparable ?

84. À quoi l'effet sur le cerveau de la consommation d'un peu de vin est-il comparable ?

85. À quoi la consommation de vin avec un estomac vide est-elle comparable ?

86. À quoi la fornication est-elle comparable ?

87. À quoi avoir des relations sexuelles immédiatement après avoir mangé est-il comparable ?

88. À quoi s'engager dans des relations sexuelles après avoir correctement digéré sa nourriture est-il comparable ?

89. À quoi le sommeil du corps est-il comparable ?

90. À quoi la faculté de la parole humaine est-elle comparable ?

91. À quoi quelqu'un qui parle en présence de ceux qui sont plus grands que lui est-il comparable ?

92. À quoi le discours d'un sage est-il comparable ?

93. À quoi le bavardage excessif est-il comparable ?

94. À quoi le silence d'un imbécile est-il comparable ?

95. À quoi le silence des sages est-il comparable ?

96. À quoi la joie et la tristesse sont-elles comparables ?

97. À quoi la charité est-elle comparable ?

98. À quoi la misère est-elle comparable ?

99. À quoi celui qui fait la charité et le regrette ensuite est-il comparable ?

100. À quoi une personne généreuse est-elle comparable ?

101. À quoi la qualité de gouvernance est-elle comparable ?

102. À quoi, celui qui demande la charité à un avare est-il comparable ?

103. À quoi une personne qui demande la charité à une personne généreuse et bienveillante est-elle comparable ?

104. À quoi les réprimandes sont-elles comparables ?

105. À quoi celui qui réprimande un sage est-il comparable ?

106. À quoi celui qui réprimande un ricaneur est-il comparable ?

107. À quoi l'autorité est-elle comparable ?

108. À quoi la relation entre le représentant public et les masses est-elle comparable ?

109. À quoi, lorsque le corps et l'âme sont jugés à cause du péché, sont-ils comparables ?

110. À quoi le chemin de la vie est-il comparable ?

111. À quoi la voie de la mort est-elle comparable ?

112. À quoi le conseil est-il comparable ?

113. À quoi un secret est-il comparable ?

114. À quoi l'activité physique est-elle comparable ?

115. À quoi l'inactivité physique est-elle comparable ?

116. À quoi le langage grossier est-il comparable ?

117. À quoi les mérites et les bonnes actions, par rapport à leur récompense, sont-ils comparables ?

118. À quoi l'accomplissement de bonnes actions est-il comparable ?

119. À quoi l'accomplissement de mauvaises actions est-il comparable ?

120. À quoi la pensée est-elle comparable ?

121. À quoi une bonne pensée est-elle comparable ?

122. À quoi les mauvaises pensées sont-elles comparables ?

123. À quoi une bonne réputation est-elle comparable ?

124. À quoi le partenariat est-il comparable ?

125. À quoi les adolescents sont-ils comparables en matière de moralité ?

126. À quoi l'éthique dans le cœur d'un adolescent est-elle comparable ?

127. À quoi une personne qui tire plaisir du monde, mais qui ne s'implique pas pour en faire profiter le monde, est-elle comparable ?

128. À quoi le succès des riches est-il comparable ?

129. À quoi le plaisir de l'opulent est-elle comparable ?

130. À quoi un homme et sa femme sont-ils comparables ?

131. À quoi une femme pudique est-elle comparable ?

132. À quoi un bon mariage entre un homme et une femme est-il comparable ?

133. À quoi un mariage qui n'est pas bon est-il comparable ?

134. À quoi les bijoux d'une femme sont-ils comparables ?

135. À quoi une personne qui est heureuse de son sort est-elle comparable ?

136. À quoi une personne envieuse est-elle comparable ?

137. À quoi la souffrance des méchants est-elle comparable ?

138. À quoi la souffrance des justes est-elle comparable ?

139. À quoi les épreuves auxquelles sont confrontés les méchants sont-elles comparables ?

140. À quoi les épreuves auxquelles sont confrontés les Justes sont-elles comparables ?

141. À quoi ceux qui possèdent une compétence ou un métier sont-ils comparables ?

142. À quoi l'honneur des riches est-il comparable ?

143. À quoi la paresse est-elle comparable ?

144. À quoi la confession des péchés est-elle comparable ?

145. À quoi les bonnes actions dans ce Monde-ci (*Ôlam haZéh*) sont-elles comparables ?

146. À quoi les bonnes actions dans le Monde-à-Venir sont-elles comparables ?

147. À quoi la richesse et l'honneur dans ce Monde-ci sont-ils comparables ?

Introduction

Puisse le Nom Yhwh être béni,
maintenant et pour toujours.

Yhwh a formé l'être humain avec Sagesse et l'a doté de deux formes : Une forme pour le corps et une forme pour l'âme. Il a donné à l'être humain la forme du corps afin qu'il puisse contempler ce qui est perceptible, sensoriel, et Il lui a donné la forme de l'âme afin qu'il puisse contempler les concepts intellectuels, qui vont bien au-delà de la perception sensorielle.

Or, dans Sa grande bonté, *Yhwh* a doté l'être humain du moyen de contempler le conceptuel en établissant des analogies dans le domaine du perceptible. La relation entre le corps et l'âme est ainsi comparable à la relation entre le physique et le sensoriel, qui à son tour, est comparable aux deux éléments : terre et eau. Ces éléments sont épais et grossiers et peuvent donc être transportés d'un endroit à l'autre manuellement, sans utiliser de réceptacle intermédiaire. En revanche, la Sagesse cachée et la perception intellectuelle sont semblables aux deux éléments raffinés et éthérés que sont le feu et l'air. Ces éléments ne peuvent être transportés qu'avec l'aide d'un réceptacle intermédiaire. Par exemple, l'air peut être transporté dans un ballon et le feu peut être transporté en plaçant des charbons ardents dans un encensoir métallique. Il en va de même pour la Sagesse intellectuelle, c'est-à-dire la Sagesse ésotérique et celle qui est perceptible intellectuellement. Elles ne peuvent être saisies que par l'utilisation de comparaisons analogues du domaine du perceptible.

C'est pourquoi j'ai résolu de composer ce livre, petit en quantité mais grand en qualité, pour éclairer les humains sur des sujets généralement cachés, afin qu'ils contemplent la récompense des *tsadiqim* (justes) et le châtiment des *reshaïm* (méchants) et qu'ils s'appliquent ainsi à corriger leurs chemins et à équilibrer leurs comptes avant d'être appelés à se tenir debout et à témoigner devant le Roi, le Roi des rois, le Saint, béni soit-Il.

Et voici que lorsque Salomon voulut montrer aux gens la grandeur de sa sagesse, les masses ne pouvaient la saisir qu'à travers les paraboles qu'il leur composait. C'est ce qui est dit : « *Et de plus, parce que le Qohéléth était sage, il a encore enseigné la connaissance au peuple. Il a pesé et sondé et mis en ordre beaucoup de paraboles[8]* ». Ces paraboles n'étaient faites que pour expliquer les choses profondes et précises à ceux qui ne pouvaient pas les comprendre autrement à cause de leur grande profondeur et subtilité. Et c'est ce qui est dit au début du *Livre des Proverbes* : « *Paraboles de Salomon, fils de David, roi d'Israël[9]* ». Qu'est-il écrit ensuite ? : « *Pour la Connaissance de Ḥokhmah et l'instruction, pour faire comprendre les discours de Binah[10]* ». Qu'est-il écrit ensuite ? : « *Pour recevoir une instruction de raison, Justice, équité et droiture[11]* ». Qu'est-il écrit ensuite ? : « *Pour accorder de la ruse aux simples, et à l'adolescent de la Connaissance et de la réflexion[12]* ». Ici, Salomon a fait connaître le pouvoir des paraboles et leur mérite, et la portée de leur bénéfice[13].

Nous allons maintenant l'expliquer, avec l'aide de *Yhwh*.

Il existe deux types de paraboles[14].

---

[8] Ecclésiaste 12:9.

[9] Proverbes 1:1.

[10] Proverbes 1:2.

[11] Proverbes 1:3.

[12] Proverbes 1:4.

[13] והנה שלמה ע"ה כשרצה להראות גודל חכמתו לבני אדם לא יכלו המון העם להשיגה אלא על ידי המשלים שתקן להם, וזה שאמר הכתוב (קהלת יב ט) ויותר שהיה קהלת חכם עוד למד דעת את העם ואזן וחקר תקן משלים הרבה. והמשלים לא נעשו אלא להבין הדברים העמוקים הדקים לאותם שאינם יכולים להבינם מרוב עומקם ודקותם, וזה שאמר בראש משלי, משלי שלמה בן דוד מלך ישראל, מה כתיב בתריה לדעת חכמה ומוסר להבין אמרי בינה, מה כתיב בתריה לקחת מוסר השכל צדק ומשפט ומשרים, מה כתיב בתריה לתת לפתאים ערמה לנער דעת ומזימה, בכאן הודיע שלמה ע"ה כח המשלים ומעלתם ועד היכן תועלתם מגעת.

[14] המשלים הם בשני דרכים:

La première est une parabole qui correspond complètement à son analogie, dans toutes ses parties, du début à la fin. C'est comparable à la façon dont chaque détail de la forme du sceau sortant de la cire, créant ainsi un reflet véritable et exact de celui-ci. C'est une parabole vraie et complète[15].

Le deuxième type de parabole ne correspond que partiellement à son analogie. C'est un peu comme si un artiste peignait le portrait d'un centaure, mi-humain, mi-cheval. Ses caractéristiques humaines correspondant en partie à la forme d'un être humain et ses caractéristiques équestres ne servant qu'à des fins de fantaisie ou d'expression artistique. De plus, ce deuxième type de parabole ne correspond que partiellement à la réalité et ne peut être considéré comme une parabole véritable et complète. Néanmoins, dans la mesure où elle correspond à l'analogie, elle peut être utile pour comprendre l'analogie, tandis que le reste est écarté car inapplicable[16].

Cette connaissance a été remise entre les mains des Sages de la Vérité, car à l'époque de Rabbi Yehoudah le Prince, la *Torah* orale commençait à s'oublier. Les grands sages, les Piliers du monde, étaient inquiets que la sagesse des paraboles, grâce à laquelle ils entraient dans les chambres cachées de la *Torah* et qui contiennent ses mystères profonds et intérieurs, soit complètement oubliée[17].

De nos jours, depuis le décès de Rabbi Meïr, la sagesse des paroles a disparu du monde, comme nos sages l'ont

---

[15] יש משל שהוא מסכים עם הנמשל מראש ועד סוף כצורת החותם היוצאת בשעוה, וזהו המשל האמיתי השלם,

[16] ויש משל שהוא מסכים עם הנמשל במקצת ענייניו, וזה דומה למי שצייר צורה חציה צורת אדם וחציה צורת בהמה או חיה או עוף, מה שדומה לצורת אדם הוא צורת אדם ושאר הצורות אינם מסכימים כי אם ליופי [נ"א: מה שדומה לצורת אדם נידון כצורת אדם, ומה שדומה כשאר צורות נידון כשאר צורות], כן בהיות המשל דומה לנמשל באותו דבר שהמשילוהו בו או במקצתו נידון, ואף על פי כן אינו משל שלם ודמיון שלם והקש שלם עד שיהיה שוה לו מתחילה ועד סוף, ועם כל זה מה שדומה במקצת נידון במקצת, והוא נידון באותם העניינים שהוא דומה להנמשל.

[17] וידיעת דבר זה מסור לחכמי האמת, שהרי בימי רבי הוסיפה [נ"א: התחילה] התורה להסתר והיו החכמים הגדולים עמודי עולם דואגים על בטול חכמת המשלים ועל משיגיהם,

déclaré[18] : « *Lorsque Rabbi Meïr mourut, l'art des paraboles disparut du monde* ». Il est également écrit : « *Rabbi Yoḥanan a dit : Rabbi Meïr possédait trois cents paraboles impliquant des renards, mais une seule est restée entre nos mains[19]* »[20].

De nombreuses paroles profondes sont spécifiquement expliquées par l'utilisation de paraboles, car nous constatons que les sages utilisaient souvent l'expression : « *Laisse-moi te donner une parabole. À quoi cela peut-il être comparé…* ». C'est en effet par le biais des paraboles que l'on peut sonder les profondeurs de la *Torah*, comme il est dit : « *Rav Houna a dit au nom de Rav Hamnouna : Quelle est la signification du verset : Et il (Salomon) énonça trois mille paraboles ?[21] Cela enseigne que pour chaque concept de la Torah, il relatait trois mille paraboles[22]*.[23]

Vois maintenant, combien est grand le pouvoir des paroles pour approfondir la compréhension des concepts et des lois de la *Torah*. Cela étant, considère l'énorme perte de Sagesse et de Perspicacité de la *Torah* qui s'est produite avec le décès de Rabbi Meïr[24].

Lorsque Rabbi Yehoudah le Prince a vu les nombreux décrets qui empêchaient le peuple juif d'étudier assidûment la *Torah* et le manque de pratique et de compréhension qui en résultait, il a rédigé une *Mishna* pour la publier et l'a arrangée dans un ordre profond et précis. En raison de la

---

[18] Talmud Bavli, Sota 49a.

[19] Talmud Bavli, Sanhedrin 38b.

[20] שעל ידיהם היו החכמים נכנסים לחדרי התורה להבין מצפוניה, ובטלו אלו החכמות משמת ר' מאיר כדתנן בסוטה פרק עגלה ערופה (סוטה מט.) משמת ר' מאיר בטלו מושלי משלים, ובסנהדרין פרק אחד דיני ממונות (סנהדרין לח:) א"ר יוחנן כי הוה דרש ר' מאיר בפרקא הוה דרש תלתא דאגדתא ותלתא דשמעתתא ותלתא מתלי, וא"ר יוחנן שלש מאות משלים של שועלים היו לו לר' מאיר ואנו לא בא לידינו אלא אחד (גירסת הר"ח שם).

[21] Rois I 5:12.

[22] Talmud Bavli, Erouvin 21b.

[23] וכמה דברים עמוקים מתבארים מן המשלים כדאמרינן בכמה דוכתי "אמשול לך משל למה הדבר דומה". ועל ידי המשלים אנו יורדין לעמקי התורה כדגרסינן בעירובין פרק עושין פסין (עירובין כא:) א"ר הונא א"ר המנונא מאי דכתיב (מלכים א ד) וידבר שלשת אלפים משל, מלמד שעל כל דבר ודבר של תורה היה אומר שלשת אלפים משל, דרש רבא מאי דכתיב (קהלת יב ט) ויותר שהיה קהלת חכם עוד למד דעת את העם אזן וחקר תקן משלים הרבה, דאגמרא בטעמא ואסברא בדדמי לזה.

[24] עתה ראה כמה כח המשלים להבין הדברים המושכלים וההלכות, ואם כן התבונן כמה סתרים נגעלו וכמה הלכות נעלמו משמת ר' מאיר ובטלו מושלי משלים.

grandeur de Rabbi Meïr et de son élève, Rabbi Âqiva, qui a enseigné de nombreux sujets profonds et des monts et des monts de lois de la *Torah*, il a inclus les enseignements de Rabbi Meïr comme le noyau de toute *Mishnah* qui n'est pas attribuée à un auteur spécifique, mais est attribuée à Rabbi Meïr, comme indiqué : « *Chaque Mishnah est attribuée à Rabbi Meïr*[25] »[26].

Maintenant, puisque l'intention d'écrire ce livre est de révéler au public les intelligences cachées, ne sois pas perturbé si tu trouves que dans certains endroits, le deuxième type de parabole ne correspond pas entièrement à l'analogie dans tous ses détails. Dans un tel cas, tu devras plutôt accepter ce qui est pertinent et ignorer ce qui ne l'est pas. Cela peut être comparé au fait de manger une grenade. On mange le fruit et on jette l'écorce (*qlipah*)[27].

---

[25] Talmud Bavli, Sanhedrin 86a.

[26] וכשראה רבי היאך מעיינות החכמה הולכין ומסתתמין וחלונות האורה [נ"א: התורה] הולכין ומתפקפקין, למעוט השמוש וההשגה, ורוב השמדות שהיו גוזרין על ישראל שלא לעסוק בתורה, וכמו שביארנו בחבור התנאים והאמוראים, אז סתם רבי המשנה וסדרה על סדר הנכון והעמוק. ולפי שראה רבי עומק חכמתו וגדולתו של ר' מאיר והיאך היתה משנתו של ר' מאיר סדורה על פיו ועל דעת ר' עקיבא, כוללת כמה עמוקות וכמה תלי תלים של הלכות, עמד רבי ואחז המשנה של ר' מאיר בידו וקבע סתם משנה של ר' מאיר, וזהו שאמרו (סנהדרין פו.) סתם משנה ר' מאיר.

[27] ולפי שכוונתנו בחיבור זה להודיע השכליות הנסתרות ולגלותם לעין ההמון, ולפיכך לא נחוש בהרבה מקומות אם לא יהיו שוה שוה הנמשל להמשל בשאר הדברים שלא המשלנוהו בו, מאחר שהוא שוה לו באותם הדברים שהמשלנוהו, שאין כוונתנו לעצם המשלים אלא להשגת המושכלות הנעלמות, משל לרמון, אוכל את הפרי וזורק את הקליפה."

1

> À quoi la Création d'*Adam HaRishon* (le premier homme), est-elle comparable ? À un Roi qui souhaite montrer à ses serviteurs sa grande richesse et la gloire de son Royaume.

EXPLICATION – Lorsque le Saint, béni soit-Il, a créé le monde, Il y a créé nombre de choses merveilleuses et étonnantes. C'est-à-dire qu'Il a créé de multiples formes différentes, certaines cachées et d'autres révélées. Il a vu, cependant, qu'aucune de ces formes ne pouvait comprendre Sa grandeur et Sa magnificence, ni apprécier la grande merveille de Ses actes, tant révélés que cachés. Il a donc créé l'Adam et a formé en lui des signes et des équivalences à toutes les formes qu'Il a créées, tant dans les royaumes supérieurs que dans le monde inférieur.

À quoi ceci est-il comparable ? À un roi qui possédait de nombreux trésors et coffres remplis de toutes sortes de richesses, telles que de l'or, de l'argent, des ornements et des ustensiles précieux, des pierres précieuses et des perles. Le roi, dans sa Sagesse, se dit : « *Comment mes sujets sauront-ils que je suis très riche, magnifique et grand ?* » Il fit donc une seule couronne constellée de toutes sortes de pierres précieuses, avec une pierre de chacun de ses vastes trésors. Il la montra à ses serviteurs et leur dit : « *Sachez que pour chaque pierre que vous voyez fixée à cette couronne, j'en ai beaucoup plus dans mes nombreux trésors, dont chacun déborde de trésors précieux. Par cela, contemplez et comprenez ma grande richesse et ma puissance* ».

De même, le Saint, béni soit-Il, a créé de nombreux mondes, tous différents les uns des autres. Dans chaque monde, Il a créé de nombreuses formes, toutes différentes les unes des autres. C'est ce que disent les Écritures : « *Que*

Tes œuvres sont abondantes, Yhwh, Tu les as toutes faites avec Sagesse[28] ». Il vit cependant que Ses créatures n'avaient pas la capacité de sonder ou de comprendre l'incroyable grandeur de Ses œuvres et merveilles. Il forma donc l'Adam et attira en lui toutes les multiples formes du monde. Il a créé sa tête et y a inclus les formes des mondes des êtres angéliques, ainsi que toutes leurs nombreuses matières merveilleuses, glorieuses et cachées. Il souffla en lui une âme vivante, émanant de Sa *Rouaĥ Élohim*. Il créa son torse, avec tous ses organes internes et externes, correspondant au monde des sphères célestes des étoiles et des planètes, y compris toutes leurs formes merveilleuses et glorieuses. Il a créé les reins et tout ce qui se trouve en dessous d'eux et les a incrustés des formes du monde inférieur. Ainsi, dans chaque organe et membre humain, Il a incorporé les formes correspondant aux formes de tous les mondes, à la fois des mondes supérieurs et des mondes inférieurs, des mondes cachés et des mondes révélés.

Or, lorsque *Yhwh* a achevé de tout incorporer dans la forme du corps de l'Adam, il a désigné Adam pour régner sur toutes les légions du monde. C'est ce qu'il a déclaré : « *Tu lui as donné la domination sur les œuvres de Tes mains, tu as mis toutes choses sous ses pieds*[29] ». Il en fut ainsi jusqu'à ce que l'Adam pèche et ruine l'ordre du monde. Par conséquent, son règne lui a été retiré et sa forme a été diminuée pour être semblable à celle des animaux. C'est ce qui est dit : « *Mais Adam ne peut demeurer dans son éclat, il est rendu semblable aux bêtes qui périssent*[30] ».

---

[28] Psaumes 104:24.
[29] Psaumes 8:7.
[30] Psaumes 49:13.

2

> À quoi le péché d'Adam, le premier homme, est-il comparable ? À un roi qui a placé son serviteur comme surveillant de ses terres, mais la supervision des forteresses et des citadelles est restée entre les mains du roi. Le serviteur s'est ensuite rebellé contre le roi et a été démis de ses fonctions.

EXPLICATION – Lorsque le Saint, béni soit-Il, a créé Adam, il l'a créé dans un état parfait et sa forme était complète, incluant tous les mondes en son sein. Le Saint, béni soit-Il, a montré à Adam Ses trésors suprêmes et lui a donné les clés des Trésors de Sagesse, afin qu'il puisse contempler les actes du Saint, béni soit-Il, et accomplir Sa volonté et Son désir, servant devant Lui comme un serviteur qui sert son maître.

Or, bien qu'Il ait remis à Adam les clés de Ses Trésors de Sagesse, en réalité, Adam n'avait pas la capacité de sonder toute la profondeur des merveilles du Créateur, car Sa Sagesse est sans limite ni fin. Néanmoins, lorsque Adam a contemplé les merveilles des nombreux niveaux du monde et les fonctions des nombreuses formes et puissances qui s'y trouvent, son cœur s'est enflé et il s'est rebellé contre le Roi, pensant qu'il pouvait les dominer par lui-même, par le pouvoir des clés qui lui ont été données par le Saint, béni soit-il.

Cependant, les pensées d'Adam n'ont pas abouti, car la profondeur et la pensée intérieure du Saint, béni soit-Il, dépassent de loin les pensées humaines. En effet, les clés des forteresses et des citadelles sont entre les mains du Saint, béni soit-Il, et Adam n'a donc pas pu réaliser ses pensées rebelles. Au contraire, à cause de sa rébellion, le Saint, béni soit-Il, a banni Adam du Jardin d'Eden. C'est ce qui est dit : « *Alors Yhwh-Élohim le renvoya du jardin d'Eden*[31] ».

---

[31] Genèse 3:23

3

> À quoi le bien et le mal entre les mains d'Adam, sont-ils comparables ? À un serviteur qui a été nommé par le roi pour être responsable de ses trésors, mais le serviteur a ensuite volé deux ornements. Le roi le punit en ordonnant qu'il soit exécuté avec les deux ornements suspendus à son cou. Cependant, le roi décréta que les ornements resteraient entre les mains de ses descendants.

EXPLICATION – Le Saint, béni soit-Il, créa Adam, le premier homme, et lui confia la responsabilité du Jardin d'Eden. Il lui dit : « *J'ai mis tous les délices du monde à ta disposition pour que tu en fasses ce que tu veux. Cependant, n'emporte pas dans ton domaine les actes de bien et de mal* ». C'est ce qu'il a déclaré : « *Mais de l'arbre de la connaissance du bien et du mal, tu ne mangeras pas*[32] ». Néanmoins, Adam transgressa Son commandement et posa sa main sur eux.

Ainsi, le Saint, béni soit-Il, lui dit : « *Tu as volé ces deux ornements, à cause de cela, tu mourras, mais ils resteront entre les mains de tes enfants* ».

C'est ainsi qu'il est dit : « *Voici que l'Adam est devenu comme l'un de nous, pour la connaissance du bien et du mal*[33] », et il est dit : « *Car tu es poussière et tu retourneras à la poussière*[34] ». Par la suite, ils sont restés entre les mains de ses descendants, comme il est dit : « *Vois, j'ai placé devant toi aujourd'hui la vie et le bien, la mort et le mal*[35] ».

---

[32] Genèse 2:17.
[33] Genèse 3:22.
[34] Genèse 3:19.
[35] Deutéronome 30:15.

4

> À quoi le péché d'Adam, le premier homme, est-il comparable ? À une personne qui a souillé les œuvres du Créateur, béni soit-Il.

EXPLICATION – Le Saint, béni soit-Il, a créé l'Adam dans un état ultime de perfection et a incorporé en lui les formes de tous les mondes. Il est donc assimilé aux formes de tous les mondes. Par conséquent, contempler la forme d'Adam, le premier homme, reviens à contempler la totalité de la Création et tous les Mondes.

Ainsi, la perfection ou l'imperfection de tous les mondes est liée et dépend de la forme de l'Adam, car la forme humaine les reflète tous. Si la forme humaine est délicieuse et digne d'éloges, cela se reflète sur la forme de tous les mondes, et eux aussi sont tous dignes d'éloges. Mais si le contraire s'avère, cela se reflète aussi sur tous les mondes. Ainsi, lorsque l'Adam a péché, il a souillé sa forme et, ce faisant, il a souillé le Créateur et tout ce qu'Il a créé. Il a souillé son Créateur parce que les Œuvres du Créateur n'étaient plus parfaites et ordonnées. De plus, il a terni toute la Création, car désormais, tous ceux qui le regardent et comparent sa forme à celle des mondes, voient le défaut de sa forme comme une réflexion sur toute la Création. Nous constatons donc que le péché d'un seul homme a causé une tare au Créateur et à la totalité de la Création.

Le fait que l'image d'Adam reflète le Créateur et Sa Création est illustré par ce qui est arrivé à l'un des sages, de bonne mémoire, qui était très laid. Une certaine personne le vit un jour et fit un commentaire sur sa laideur[36]. Le sage répliqua : « *Va donc dire à l'Artisan qui m'a fait : Le réceptacle que Tu as fait est laid !* »

---

[36] Talmud Bavli, Taânit 20a-b.

5

> À quoi un *tsadiq* (juste) vertueux est-il comparable ? À des anges semblables à deux hérauts au service du roi. L'un d'eux se tient toujours debout et sert en présence du roi et n'assiste jamais à une bataille de son vivant. L'autre part au combat et mène les guerres du roi, remportant la victoire sur ses ennemis.

EXPLICATION – L'homme et l'ange ont été créés pour servir le Saint, béni soit-Il. L'un sert à l'intérieur, tandis que l'autre sert sur le terrain. L'ange sert à l'intérieur et ne possède pas de *yétsér harâ* (mauvais penchant) qui le tiraille tout au long de la journée.

En revanche, l'homme sert à l'extérieur et possède un *yétsér harâ* qui lui fait la guerre toute la journée. Cependant, il combat et fait la guerre au *yétsér harâ* chaque fois qu'il tente de le pousser à pécher. S'il est juste et victorieux dans cette guerre, il est bien plus grand qu'un ange qui n'a jamais eu à se battre contre le *yétsér harâ*.

Maintenant, considérons lequel des deux est le plus digne d'éloge devant le roi, le guerrier puissant qui sort et vainc les ennemis du roi et gagne la guerre, ou l'ange qui sert le roi dans la paix et la tranquillité du palais et ne connaît jamais les difficultés et les défis de la bataille ? Il est certain que le guerrier puissant qui est victorieux au combat est plus digne d'éloges, comme il est dit : « *Que celui qui ceint son épée ne se vante pas comme celui qui la dégaine !*[37] ».

De même, les sages, de mémoire bénie, ont raconté[38] l'histoire d'une personne qui ramassait des figues. Elle laissa celles qui étaient mûres et ne prit que celles qui ne l'étaient pas encore. On lui demanda : « *Que fais-tu ? Les figues mûres*

---

[37] Rois I 20:11.
[38] Talmud Bavli, ḥaguigah 5a.

ne sont-elles pas bien meilleures ? » Elle répondit : « J'ai besoin des figues pour mes voyages et les figues non mûres se conservent mieux que les mûres ».

6

> **À quoi l'âme dans le corps est-elle comparable ? À un prince qui a été mandaté par le roi pour gouverner les gens du pays.**

EXPLICATION – Le corps de l'Adam est composé de nombreuses formes et forces différentes, y compris celles qui s'opposent les unes aux autres, car il contient en lui toutes les formes de tous les mondes. Ainsi, les organes humains sont tous fondés sur des oppositions, en ce sens que ce qui est nécessaire et désirable pour l'un est indésirable pour l'autre. Ils sont donc semblables aux habitants d'une cité, dont chacun s'efforce de réussir selon ses intérêts et ses biens.

De même, les organes du corps sont comme des plaideurs qui se disputent et se battent entre eux. C'est la bataille des différents éléments dont est composé le corps humain.

Tout cela se vérifie lorsque nous considérons également la bataille entre le *yétsér harâ* et le *yétsér hatov* (le bon et le mauvais penchant). Ils sont comparés à deux ennemis en guerre l'un contre l'autre. Cependant, le Saint, béni soit-Il, a envoyé l'âme de la cour du Roi, et l'âme agit comme un médiateur et un vrai juge entre eux. Elle amène à l'accord entre eux et apaise leurs querelles et leurs disputes, les rapprochant tous deux du service du Roi et assurant ainsi le succès de leurs occupations et de leurs actes.

7

> **À quoi l'âme est-elle comparable pendant l'enfance ?
> À une perle couverte de boue.**

EXPLICATION – Pendant l'enfance, l'âme est extrêmement préoccupée par la vivification et la croissance du corps. Elle est donc comparée à une perle couverte de boue, car elle n'est pas sous sa propre domination et ne reflète pas son véritable niveau. C'est pour cette raison que pendant l'enfance, on n'est pas tenu responsable ou puni pour ses actions. En effet, c'est comme si l'on était capturé et forcé d'agir contre sa volonté et que l'on ne se contrôlait pas. Au contraire, l'âme est emprisonnée et est comme une perle couverte de boue. C'est pour cette raison qu'un jeune n'est pas puni ou tenu responsable jusqu'à ce qu'il montre les signes connus de la maturité.

8

> **À quoi, l'âme est-elle comparable pendant
> l'adolescence ? À un roi qui est acculé et encerclé de
> tous côtés.**

EXPLICATION – Pendant l'adolescence, la composition de la nature humaine fait qu'elle est attirée par les vanités du monde. Ainsi, elle est alléchée par les attraits de la nourriture, de la boisson, des relations sexuelles, de l'indécence d'esprit et de toutes les autres activités sensorielles. Le *yétsér harâ* fait trembler le corps et le pousse à s'engager dans toutes sortes de méfaits, entraînant les différents organes du corps dans des conflits par toutes sortes de stratagèmes et de tactiques. Pendant cette période, l'âme est dans un état de grande angoisse à cause de tous les obstacles, accusateurs et adversaires que le *yétsér harâ* lui inflige, à tel point qu'on ne sait pas si elle vaincra ou si elle sera vaincue.

9

> À quoi, l'âme est-elle comparable pendant la vieillesse ? À un roi qui a mené de nombreuses batailles. Dans certaines batailles, il a été victorieux et dans d'autres, il ne l'a pas été. Pendant cette période, toutes les frontières de son royaume sont tranquilles et il n'y a plus de destructeur ou d'exécutants du mal. Néanmoins, il ne peut pas être en paix et renoncer complètement à la guerre, car il est tout à fait possible qu'il soit à nouveau attaqué depuis des terres lointaines.

EXPLICATION – Pendant sa jeunesse, l'âme a été soumise à de nombreux combats difficiles par le *yétsér harâ*. Parfois, elle a été sauvée du péché et a vaincu l'ennemi. Mais à d'autres moments, elle a été dominée par l'ennemi, c'est-à-dire le *yétsér harâ*. Aujourd'hui, avec la vieillesse, les combats du *yétsér harâ* se sont calmés, car ses guerriers – les membres et les organes du corps – se sont affaiblis et fatigués. Néanmoins, bien que cela ne soit pas aussi fréquent que pendant la jeunesse, il est toujours possible que le *yétsér harâ* mène des batailles supplémentaires contre lui, pour diverses raisons. Par exemple, elle peut être contrainte de pécher à cause de certaines tentations qu'elle n'a pas la force de surmonter. Elle peut sombrer dans la colère à cause d'insultes qu'elle ne peut pas supporter, elle peut déchoir dans l'ivresse ou tomber dans la luxure à cause de la vue de ses yeux. En outre, il se peut qu'elle se soit tellement habituée à satisfaire ses désirs pendant sa jeunesse, lorsque ses désirs étaient naturellement en ébullition, qu'elle continue maintenant à les poursuivre par habitude. En effet, le *yétsér harâ* ne se sépare véritablement d'une personne qu'au jour de la mort. À ce sujet, les Sages, de mémoire bénie, ont déclaré : « *Ne te fais pas confiance jusqu'au jour de ta mort*[39] ».

---

[39] Mishnah Avot 2:4.

10

> À quoi l'âme d'un *rashâ* (méchant) est-elle comparable ? À une personne à qui le roi a donné beaucoup de troupes et de matériel militaire pour faire la guerre aux ennemis du roi. Cependant, non seulement elle n'a pas fait la guerre aux ennemis du roi, mais elle a déserté et est devenue un traître, rejoignant l'ennemi du roi et en faisant la guerre à son maître, le roi.

EXPLICATION – Lorsque le Saint, béni soit-Il, a envoyé l'âme dans le corps, il lui a donné le pouvoir et la force de gouverner et de diriger le corps sur le droit chemin et le pouvoir de le sauver des pierres d'achoppement du *yétsér harâ*. Il l'a investie du pouvoir de combattre et de vaincre le *yétsér harâ*, de l'abaisser et de le léser. Lorsqu'elle est descendue dans le corps et qu'elle a réalisé que les membres du corps péchaient et provoquaient la colère et toutes sortes de transgressions sur les conseils du *yétsér harâ*, elle était censée leur faire la guerre, les réprimander et les vaincre.

Cependant, non seulement elle n'a pas fait cela, mais au contraire, elle a pris la Sagesse (*ħokhmah*) et la Compréhension (*tevounah*) qui lui ont été accordées par le Saint, béni soit-Il, pour être utilisées à son service et dans sa crainte, et les a utilisées pour toutes sortes de connivences et de méchancetés. C'est-à-dire qu'elle a éduqué le corps pour qu'il accomplisse toutes sortes de transgressions avec ruse et astuce, comme un crétin.

Elle a ainsi éduqué le *yétsér harâ* insensé et lui a appris à tricher, voler, dérober, assassiner et commettre toutes sortes de mauvaises actions. Ainsi, au lieu d'utiliser les troupes et les ressources militaires qui lui ont été confiées par le Saint, béni soit-Il, pour suivre le droit chemin, elle a gaspillé ses richesses dans toutes sortes de projets de destruction.

11

> **À quoi l'âme du *tsadiq* vertueux, lorsqu'elle quitte son corps, est-elle comparable ? À un poisson que l'on retire des eaux marécageuses pour être jeter dans une grande rivière.**

EXPLICATION – Si elle est investie dans le corps, l'âme du *tsadiq* n'est pas totalement intégrée au corps. Elle est plutôt comme un poisson qui nage dans l'eau. Or, bien qu'elle soit droite, pure et juste, elle se manifeste néanmoins dans le cours et la substance inconstante du corps, dont les occupations ne sont pas en véritable équilibre. Ainsi, bien que l'âme du *tsadiq* vertueux soit elle-même dans un état de tranquillité, le *yétsér harâ* peut soudainement éveiller contre elle toutes sortes de destructions et d'épreuves.

À quoi cette situation est comparable ? À celle des eaux marécageuses ou boueuses, dans lesquelles les eaux sont si boueuses et grossières que même si l'on retire une quantité minimale d'eau ou si des êtres humains les piétinent, il ne reste que de la boue et de la vase. Les poissons qui habitent ce marécage sont donc réprimés et souffrent. De la même manière, lorsque les occupations du corps prennent le dessus sur l'âme et que le *yétsér harâ* renouvelle ses combats contre elle, elles rendent le corps grossier et boueux comme de la boue et des déchets, et font ainsi souffrir l'âme.

Cependant, au moment où l'âme du *tsadiq* vertueux quitte son corps pour rejoindre sa vie éternelle, après avoir traversé de nombreuses batailles et souffrances, à quoi est-elle est comparable ? À un poisson qui a été temporairement confiné dans un marécage stagnant, embourbé par les pieds humains, et qui est maintenant retiré et placé dans une grande rivière qui coule. Les pieds de l'homme et de l'animal sont incapables de piétiner et de brouiller les eaux de la grande et profonde rivière, et elle y réside donc dans la paix et la tranquillité.

12

> À quoi l'âme du *rashâ (méchant)*, lorsqu'elle quitte son corps, est-elle comparable ? À une pierre taillée dans une montagne.

EXPLICATION – Parce que l'âme du *rasha* colle au corps avec une si grande adhésion à sa rébellion, son âme et son corps se délectent tous deux du péché à tel point qu'ils sont devenus comme une seule entité. Ainsi, lorsque le moment arrive pour son âme de quitter ce monde et de quitter le corps auquel elle s'est attachée, a quoi est-elle est comparable ? À de la laine que l'on tire d'un buisson d'épines. Son âme est tellement enchevêtrée qu'elle est comme un rocher coincé dans le flanc d'une montagne qui ne peut être déplacé ou déraciné de la montagne à moins d'être frappé plusieurs fois avec des masses, des haches et d'autres outils en fer. Ce processus est le début du châtiment des *reshaïm* (méchants).

13

> À quoi celui qui est méritant et qui influence les autres pour qu'ils soient méritants est-il comparable ? À un cavalier que le roi a engagé et payé. Le roi l'a payé pour le service d'un seul cavalier, mais il est allé et a réussi à servir le roi avec cinquante cavaliers.

EXPLICATION – L'âme a d'abord été envoyée dans le corps pour corriger les habitudes du corps et de ses actions, en les orientant vers le service de *Yhwh*, béni soit-Il. De cette façon, elle sert *Yhwh* complètement et de toutes ses forces. Maintenant, si l'âme a réussi à dominer le corps avec de bonnes actions et, de plus, a amené de nombreuses autres âmes au service de *Yhwh*, béni soit-Il, sauvant ainsi le plus grand nombre de péchés et guidant les multitudes vers de bonnes actions, alors lorsque l'âme quitte ce monde pour se tenir devant *Yhwh*, béni soit-Il, elle est accompagnée de nombreuses troupes et de multitudes d'âmes qui ont été rendues méritantes par cette âme.

De nombreux anges de paix et de miséricorde viennent d'en haut pour la saluer et se réjouir avec elle, et l'accompagnent pour se tenir devant le Roi, le Roi des rois, le Saint, béni soit-Il. Le Saint, béni soit-Il, se réjouit énormément en elle et ordonne que des dons abondants soient accordés à toutes les âmes qui ont été amenées à mériter par sa main, chacune selon ce qui est approprié, et Il ordonne que l'âme qui a causé le mérite reçoive des dons proportionnels pour tous. Car c'est elle qui les a toutes fait mériter et s'approcher du service du Saint, béni soit-Il.

À quoi ceci est-il comparable ? À un soldat qui a été envoyé par le roi pour faire ses guerres. On lui a donné le salaire d'un seul cavalier, mais il a si bien réussi à servir le roi qu'il a pu le servir avec cinquante cavaliers. Il a ainsi combattu les ennemis du roi et les a vaincus. Lorsqu'il revient auprès du roi avec tous les cavaliers qu'il a acquis par ses propres moyens, le roi se réjouit énormément et ordonne que toutes les foules sortent pour l'accueillir et l'amener à son palais.

Le roi offre des cadeaux somptueux à tous les nouveaux cavaliers qui ont été recrutés par ce soldat. À l'un, il donne de l'argent et de l'or, à un autre, des pierres précieuses et des joyaux, à un autre, des chevaux et de beaux ornements, et à un autre, des jardins et des vergers. Cependant, à ce cavalier qui a réussi à recruter tous les autres cavaliers au service du roi, le roi ordonne qu'on accorde des cadeaux dans la même mesure qu'à tous les autres cavaliers réunis. Car c'est lui qui les a fait se mettre au service du roi.

Tout ceci est similaire à une âme qui était méritante et qui a rendu les multitudes méritantes. À ce sujet, les sages, de mémoire bénie, ont déclaré[40] : « *Quiconque rend les multitudes tsadiqim (justes), la justice des multitudes dépend de lui, comme il est dit : « Il a accompli la justice de Yhwh et Ses ordonnances avec Israël[41] »*.

14

> **À quoi celui qui pèche et fait pécher les autres est-il comparable ? À un serviteur qui s'est rebellé contre le roi et a convaincu les autres de se joindre à sa rébellion.**

EXPLICATION – L'âme qui pèche et fait pécher les multitudes est comme une personne qui se rebelle et fait que les autres se rebellent aussi. Quel est donc le châtiment de ce pécheur et de ceux qu'il a poussés à pécher et à se rebeller contre le roi ? Certains pécheurs qui se sont rebellés sur son conseil, auront les mains et les jambes tranchés, d'autres recevront de lourdes peines, certains mourront par strangulation, d'autres par lapidation et d'autres seront brûlés sur le bûcher.

Que fait le roi au pécheur qui a convaincu tous les autres de pécher ? Il accumule sur lui toutes les punitions de ceux qui ont suivi ses traces. Il lui tranche les mains et les pieds, lui impose de lourdes peines, l'étrangle, le pend à un arbre, le lapide et le brûle. En d'autres termes, le pécheur qui a poussé les autres à pécher est puni à la mesure de tous leurs châtiments.

C'est ainsi que sont jugés tous ceux qui ont péché et fait pécher les autres. Or, bien qu'en réalité, les punitions de tous ces pécheurs se produisent au *Guehinam* (purgatoire), chacun selon ses péchés, néanmoins, celui qui a péché et fait pécher les autres est soumis à toutes leurs punitions. À ce

---

[40] Mishnah Avot 5:18.
[41] Deutéronome 33:21.

sujet, les Sages, de mémoire bénie, ont déclaré : « *Quiconque incite les multitudes à pécher, les péchés des multitudes sont suspendus sur lui*[42] ». Nous trouvons cela à propos de Qoraħ et de ses disciples, qui se sont rebellés contre Moïse. Ils ont tous été détruits, cependant, il y a ceux qui ont été brûlés et il y a ceux qui ont été avalés par la terre. Qoraħ, lui, a reçu les deux punitions, il a été brûlé et avalé par la terre.

15

> **À quoi l'âme d'un sage est-elle comparable ? À un charbon qui est attisé et illuminé.**

EXPLICATION – L'état initial de l'âme de tous les gens est comme un charbon qui est attisé et illuminé, et à partir duquel de nombreuses bougies sont allumées, illuminant ainsi tout l'environnement. Ainsi, lorsqu'une personne apprend la sagesse d'un maître, à quoi le maître qui lui a enseigné la sagesse est-il comparable ? À un charbon que l'on attise et à partir duquel une flamme a été allumée. En d'autres termes, le sage illumine le monde avec sa sagesse, tout comme une bougie illumine la maison pour tous ses habitants. En revanche, si quelqu'un n'apprend pas la sagesse, à quoi est-il est comparable ? À un charbon terne qui n'a pas été attisé et qui n'éclaire pas.

16

> **À quoi l'âme d'un fou est-elle comparable ? À un charbon qui n'a pas été attisé, et est donc appelé « obscurité ».**

EXPLICATION – Un charbon ardent est capable d'être la source de feu et de lumière pour de nombreuses bougies, et

---

[42] Piqéi Avot 5:18.

est donc capable d'éclairer les environs. Cependant, il ne s'illumine que s'il est attisé, alors que s'il n'est pas attisé, il reste sombre et obscur. De la même manière, l'âme d'une personne qui a étudié la sagesse illumine son environnement, alors que si elle n'apprend pas la sagesse, elle reste sombre. Nous constatons qu'un charbon non attisé est appelé *ḥoshék* (obscurité), comme il est dit : « *L'obscurité totale guette ses trésors cachés, un feu non attisé le consumera[43]* ». À ce sujet, le roi Salomon, paix sur lui, s'est écrié et a dit : « *Et j'ai perçu que le bénéfice de la sagesse sur la sottise est comme le bénéfice de la lumière sur l'obscurité[44]* ».

17

À quoi la Sagesse (*Ḥokhmah*) d'une personne est comparable ? À une forme dans un réceptacle.

EXPLICATION – À quoi elle est comparable l'âme lorsqu'elle entre dans le corps d'une personne ? À une pépite d'argent non formée qui est prête à être façonnée dans n'importe quel récipient que l'on souhaite. On peut en faire une bague, un sceau, une boucle d'oreille, un gobelet ou tout autre ustensile. Ainsi, lorsque l'âme est attisée et illuminée par la Sagesse, elle peut devenir sage dans ses bonnes actions ou rusée dans ses mauvaises actions. Elle pourrait devenir sage dans divers métiers, comme l'art d'un orfèvre ou d'autres compétences. Elle pourrait aussi devenir sage dans les arts émotionnels ou sage dans les matières intellectuelles. L'âme reçoit sa forme en fonction de la sagesse qui s'installe en elle, et met ses compétences en action en fonction de la sagesse qu'elle possède.

C'est comme un réceptacle d'argent ou de fer que l'on appelle par le nom de la forme qu'on lui donne. C'est-à-dire

---

[43] Job 20:26.
[44] Ecclésiastes 2:13.

qu'on l'appelle anneau, gobelet ou boucle d'oreille. De la même manière, une personne est appelée par la forme de la sagesse qu'elle a acquise. Elle peut être artisan, forgeron, tisserand ou médecin. De la même manière, nos sages ont appelé une personne qui n'a pas acquis la sagesse avec le terme *golem*, indiquant qu'elle n'a pas encore acquis la forme de la Sagesse. Nos Sages, de mémoire bénie, ont déclaré : « *Il y a sept caractéristiques pour un golem et sept caractéristiques pour un homme sage*[45] ». En d'autres termes, ils ont utilisé le terme *golem* pour décrire le contraire d'un sage. Ainsi, l'humain acquiert une forme par l'acquisition de la sagesse, qu'il s'agisse d'une sagesse émotionnelle ou intellectuelle, qu'elle soit bonne ou mauvaise.

18

> **À quoi l'Intelligence (*Tevounah*) chez une personne est-elle comparable ? À une source d'Eau vive.**

EXPLICATION – L'acquisition de la Sagesse, passe par trois voies sur lesquelles l'humain peut s'engager. S'il oublie la Sagesse qu'il a apprise, à quoi est-il est comparable ? À une personne qui a rempli d'eau une fosse en terre. L'eau est absorbée et avalée par les parois de la fosse jusqu'à ce qu'il ne reste plus d'eau du tout. S'il n'oublie pas sa Sagesse, il est comparable ? À une citerne plâtrée qui ne perd pas une goutte. Bien qu'il ne s'agisse pas d'une source qui coule, néanmoins, il ne manque rien de ce qui y a été placé. En revanche, une personne qui « Comprend » par l'utilisation de la connaissance qu'elle possède, à quoi est-elle comparable ? À une source d'Eau vive qui déborde toujours et ne manque jamais. À quoi celui qui comprend grâce à la Sagesse qu'il a apprise et qui continue à ajouter à sa Sagesse, est-il comparable ? À une personne qui creuse et trouve un trésor caché. Une telle personne ne verra aucune limite ou

---

[45] Avoth 5:7.

fin à sa Sagesse. Elle est comme une Source d'eau vive à laquelle tous les gens puisent, et, quelle que soit la quantité qu'ils prennent, il ne manque de rien et a encore plus à donner.

19

À quoi la Connaissance (*Daâth*) chez une personne est-elle comparable ? Au sel dans un plat cuisiné.

EXPLICATION – La faculté de Connaissance (*Daâth*) rectifie une personne, assurant le succès de son corps et de son âme. Cependant, comparée à sa Sagesse (*Ḥokhmah*) et à sa Compréhension (*Tevounah*), est comme le sel dans un plat cuisiné. En d'autres termes, tout comme le sel complète et rectifie tous les aliments, de même, la faculté de connaissance du *Daâth* rectifie la Sagesse, la Compréhension et les actes humains. De même, comme un plat qui manque de sel n'est pas accepté par le palais, de même, les paroles d'une personne qui manque de *Daâth* sont inacceptables et ses actes sont impropres.

Or, l'inverse est également vrai, à savoir que si l'on ajoute trop de sel à un plat, celui-ci est également inacceptable et dégoûtant pour le palais. De même, une personne qui se comporte avec les autres par le biais d'une connaissance qui dépasse leur mesure, ne sera pas acceptée par les autres. Ils seront incapables de la tolérer et ses paroles ne seront pas bien reçues. Au contraire, ils s'éloigneront d'elle. La solution est que, même si ses connaissances sont très grandes, il doit se comporter avec les autres d'une manière qu'ils pourront tolérer, et pas au-delà. C'est la voie médiane du *béinoni* (intermédiaire), à propos de laquelle le roi Salomon a déclaré dans sa grande sagesse : « *Ne sois pas trop juste ou trop sage. Pourquoi rester dans la désolation ?*[46] » Il

---

[46] Ecclésiastes 7:16.

a également déclaré : « *Un peu de folie est plus précieuse que sagesse et que gloire*[47] ». À ce sujet, nos sages, de mémoire bénie, ont déclaré : « *Le Daâth d'une personne doit toujours être empathique envers l'humanité*[48] ».

20

> **À quoi celui qui est intelligent, mais qui n'a pas acquis la Sagesse, est-il comparable ? À un grand arbre qui n'a pas de racines.**

EXPLICATION – Un arbre avec beaucoup de grosses branches, mais sans racines profondes dans le sol, sera aisément déraciné et renversé par le moindre vent. De même, une personne qui a de l'intelligence sans avoir acquis la Sagesse, peut parler devant ceux qui sont plus grands qu'elle. Cependant, si quelqu'un qui a effectivement acquis de la Sagesse remet en question et contredit ses paroles, celui qui a de l'intelligence sans acquérir de Sagesse sera incapable de défendre et de soutenir ses propres opinions.

En effet, la Sagesse est le premier fondement de toute chose, tandis que la Compréhension (*Tevounah*) est comparable aux branches d'un arbre par rapport à la Sagesse (*Ḥokhmah*), qui est comparable aux racines. Ainsi, parce qu'il n'a pas acquis la Sagesse, mais se fie uniquement à sa propre Compréhension, lorsqu'il est mis au défi, il sera incapable de soutenir son opinion avec une raison et une logique solides. Ses paroles sont alors complètement déracinées et renversées, car elles n'ont aucune base solide sur laquelle s'appuyer.

---

[47] Ecclésiastes 10:1.
[48] Talmud Bavli, Ketouboth 17a..

21

> **À quoi un sage parmi les fous est-il comparable ? À une rivière qui traverse un désert.**

EXPLICATION – Les eaux d'une rivière sont très utiles à l'humain pour de multiples raisons. Elles fournissent de l'eau pour boire, cuisiner, se laver, se nettoyer, et pour irriguer les champs, les jardins et les vergers. De même, l'humanité tire un grand bénéfice d'un sage. Certains peuvent apprendre de lui la Sagesse, d'autres peuvent prendre conseil, d'autres peuvent apprendre la bonne conduite, et d'autres encore peuvent apprendre à corriger leur comportement et à revenir à *Yhwh* dans un véritable repentir. Cependant, si un sage vit parmi les fous qui ne tiennent pas compte de ses paroles, il est comparable aux eaux d'un fleuve qui traverse un désert. En d'autres termes, il se trouve dans un endroit désolé où l'humain ne peut pas tirer profit de ses eaux. Ce n'est pas une terre fertile de figues, de raisins ou de grenades qui poussent à partir de ses eaux. Au contraire. Éventuellement, un passant peut boire de ses eaux et en tirer un bénéfice. Il en va de même pour un sage qui vit parmi les fous. Ce n'est que si un autre sage passe inopinément par là qu'il en tirera temporairement un bénéfice.

22

> **À quoi la Sagesse et la crainte du péché sont-ils comparables ? À de grandes eaux tumultueuses qui coulent entre de hautes et grandes montagnes.**

EXPLICATION – Même si la sagesse (*Ḥokhmah*) est la racine et l'aspect premier de toutes choses, elle peut néanmoins être accompagnée ou non de la crainte du péché. Si une personne possède à la fois la Sagesse et la crainte du péché, alors, bien que le *yétsér harâ* puisse soudainement s'abattre sur elle avec toute sa force, comme des eaux turbulentes qui l'incitent à pécher, elle n'aura pas le pouvoir de la faire trébucher et de la faire pécher, ni de l'entraîner hors de ses limites. Car sa Sagesse se tiendra d'un côté, comme une grande montagne, et sa crainte du péché se tiendra de l'autre côté, comme une falaise escarpée. Elle est ainsi renforcée à droite et à gauche par la force de ces montagnes.

En conséquence, le *yétsér harâ* passera à travers elle et sera incapable de dominer et d'infliger des dommages à une telle personne. C'est-à-dire qu'elle sera comme un fleuve impétueux qui passe entre deux grandes montagnes, et bien que ses eaux puissent parfois se déverser et déborder, elles ne sortiront jamais de leurs limites et n'engloutiront pas les montagnes, beaucoup plus hautes qu'elles.

23

> **À quoi la sagesse sans la crainte du péché est-elle comparable ? À un grand fleuve qui traverse les plaines près d'une grande montagne.**

EXPLICATION – Une personne peut apprendre et acquérir de la Sagesse et être très réfléchie dans les voies de la *Torah* et de ses commandements, positifs ou négatifs. Elle peut devenir très sage dans la connaissance du service du Créateur, béni soit-Il, et peut être joyeuse dans sa compréhension de ces questions.

Cependant, si le péché vient sur elle et qu'elle est incapable de se retenir et d'y résister, elle est comparée à une rivière qui coule dans les plaines.

Tant qu'elle ne déborde pas et ne provoque pas d'inondation, tous les gens qui l'entourent en tireront leurs besoins, comme l'irrigation de leurs jardins, vergers et champs. Cependant, si ses eaux débordent et inondent les zones environnantes, elles emportent toutes les plantes des champs et déracinent les arbres des vergers.

Ceci est analogue à une personne sage qui est vaincue par le *yétsér harâ*, lorsque la tentation du péché s'abat sur elle. Si elle ne résiste pas au *yétsér harâ*, alors toutes ses bonnes pensées et ses bonnes actions seront emportées, comme les plantes et les arbres qui sont emportés lors d'une inondation.

24

> **À quoi un enseignant, vis à vis ses élèves, est-il comparable ? À une bougie.**

EXPLICATION – De même qu'une bougie illumine les yeux d'un être humain de façon sensorielle, de même, le professeur illumine les yeux de ses élèves de façon intellectuelle.

En outre, une bougie peut être utilisée pour allumer de nombreuses autres bougies, mais sa propre flamme ne diminue pas. Au contraire, plus elle allume d'autres bougies, plus la lumière est vive.

De même, la Sagesse d'une personne sage qui enseigne à de nombreux étudiants n'est pas du tout diminuée. Au contraire, sa propre sagesse grandit et se développe grâce à son implication auprès de ses étudiants.

En effet, plus ils lui posent de questions, plus il doit répondre de manière satisfaisante, et c'est donc à travers leurs nombreuses questions qu'il acquiert de nouvelles connaissances et une nouvelle sagesse.

26

> **À quoi les élèves sont-ils comparables par rapport à leur professeur ? À des brindilles servant à allumer une bûche.**

EXPLICATION – Lorsque les étudiants apprennent de leur professeur, ils soulèvent de nombreuses questions et difficultés nouvelles, qui n'ont pas été explorées auparavant par le professeur. L'enseignant est donc obligé d'approfondir ces sujets, afin de répondre correctement à leurs questions. Grâce à cela, l'enseignant approfondit le sujet bien plus qu'il ne l'aurait fait autrement, sans être mis au défi par ses élèves. Nous constatons ainsi que les étudiants allument les feux de la Sagesse dans le cœur de leur professeur, par leurs nombreuses questions et interrogations.

26

> **À quoi une personne solitaire, engagée dans la poursuite de la Sagesse, est-elle comparable ? À la combustion d'une bûche isolée.**

EXPLICATION – Une bûche isolée ne prend pas facilement feu sans une grande difficulté et un grand effort. Par exemple, en la retournant de tous côtés. De la même manière, la Sagesse ne s'empare pas d'une personne solitaire, sauf au prix de grandes difficultés et d'un travail acharné.

En effet, la Sagesse ne s'acquiert véritablement qu'au travers des échanges entre de nombreux étudiants et savants, de nombreuses questions et réponses et de l'examen scrupuleux des idées, lorsque les sages se défient les uns les autres. Ce n'est pas le cas d'un individu solitaire, qui ne peut y parvenir seul.

27

> **À quoi les nombreux compagnons, engagés dans la poursuite de la Sagesse, sont-ils comparables ? À un feu de joie rugissant constitué de nombreuses branches.**

Explication – Un feu de camp composé de nombreuses branches s'allume facilement et produit un grand feu et une grande chaleur, car chaque branche allume les autres branches. Les compagnons qui s'engagent ensemble dans la recherche de la Sagesse sont pareils, en ce sens que l'un d'eux questionnera son compagnon, un autre répondra et un troisième encore contestera et démontera la conclusion. Un autre approfondira le sujet et un autre encore construira une explication complexe. Nous constatons donc que de nombreux compagnons engagés ensemble dans la recherche de la Sagesse sont comme un feu de joie rugissant, dans lequel toutes les branches s'enflamment mutuellement, de sorte qu'ensemble ils intègrent une abondante Sagesse.

28

> **À quoi un juge est-il comparable ? À un associé. S'il est honnête, alors il est honnête, mais s'il est menteur, alors il est menteur.**

Explication – Il peut y avoir deux associés, l'un en France et l'autre en Espagne. L'un achète des marchandises dans sa localité et les envoie pour être vendues par son associé dans l'autre localité. De la même manière, le Saint, béni soit-Il, est le Créateur qui accorde la subsistance à toutes Ses créatures et fait en sorte que tous leurs besoins soient satisfaits d'En Haut. C'est le juge, cependant, qui juge l'humain en bas, apportant la paix entre deux parties, afin qu'elles ne finissent pas par s'assassiner ou se voler l'une l'autre. Nous constatons donc que le Saint, béni soit-Il, crée, et que le juge soutient. Ils sont donc comparés à deux associés. Or, si le juge est véridique et honnête dans ses jugements, alors il est comme un associé fidèle. En revanche, s'il est menteur, alors c'est un menteur.

29

> **À quoi un juge qui siège est-il comparable ? Au point d'appui d'une balance.**

EXPLICATION – Si un juge est véridique et honnête, alors sa position doit être totalement objective et équilibrée entre les deux parties de l'affaire, sans pencher d'un côté ou de l'autre. C'est comme le point d'appui d'une balance, qui est placé exactement au milieu entre les deux côtés de la balance, sans pencher d'un côté ou de l'autre. Cependant, si le juge a reçu une forme de corruption, il est comparable au point d'appui d'une balance qui penche d'un côté, même lorsque la balance est vide. Il est impossible d'obtenir une mesure réelle sur une telle balance, puisqu'elle penche toujours d'un côté. Il est impossible d'obtenir une mesure exacte sur une balance qui n'est pas équilibrée lorsqu'elle est vide.

30

> **À quoi la jalousie des *tsadiqim* (justes) est-elle comparable ? À du vinaigre que l'on met dans un vase d'argent ?**

EXPLICATION – Le Saint, béni soit-Il, a créé la jalousie dans le monde afin que l'être humain soit jaloux des bonnes actions et des qualités positives de son prochain. Grâce à cette jalousie, l'humain s'efforcera de s'améliorer, afin d'accroître ses bonnes actions et sa crainte de *Yhwh*, et peut-être même d'atteindre un niveau supérieur à celui de son compagnon. C'est ce que stipulent les Écritures : « *Que ton cœur n'envie pas les pécheurs, mais plutôt ceux qui révèrent Yhwh tout au long de la journée*[49] ». De même, nos sages, de mémoire bénie, ont déclaré : « *La jalousie entre les enseignants accroît la sagesse*[50] ».

Il existe un autre type de jalousie chez les *tsadiqim*, qui les pousse à se venger des *reshaïm* pour leurs mauvaises actions. C'est comme la jalousie de Pinħas, qui s'est vengé de Zimri ben Salou. Ainsi, nous constatons que la jalousie chez les *tsadiqim* les polit et corrige leurs comportements et leurs actes. Elle est ainsi comparable au vinaigre qui, placé dans un récipient en argent, le rend propre et poli.

31

À quoi la jalousie des *reshaïm* (méchants) est-elle comparable ? À du vinaigre que l'on met dans un vase de cuivre ?

EXPLICATION – Le vinaigre et le cuivre sont deux ennemis. Si l'on met du vinaigre dans un récipient en cuivre et qu'on l'y laisse un certain temps, le vinaigre va corroder et détruire le cuivre et le récipient sera détruit. Ainsi, le vinaigre est comme un poison qui ronge le cuivre. De la même manière, la jalousie des *reshaïm* les consume et les détruit. En effet, leur jalousie ne s'élève pas contre la méchanceté de leurs semblables pour les empêcher de commettre leur propre méchanceté. Au contraire, ils sont jaloux de la richesse, de l'honneur et de la gloire des autres. Ce genre de jalousie les pourrit de l'intérieur, à partir de leurs os mêmes, comme le roi Salomon l'a dit dans sa grande sagesse : « *L'envie est la carie des os*[51] ».

---

[49] Proverbes 23:17.
[50] Talmud Bavli, Bava Batra 21a.
[51] Proverbes 14:30.

32

> **À quoi la jalousie de l'homme envers sa femme est comparable ? À une mouche dans un verre de vin.**

EXPLICATION – Une personne qui trouve une mouche dans son verre de vin, l'enlèvera et boira le vin. C'est analogue à un homme qui voit sa femme parler avec d'autres hommes de manière respectueuse et qui n'a aucune raison de la soupçonner ou d'être jaloux d'elle. C'est la qualité du *béinoni* (intermédiaire).

Il existe un autre type de personne qui trouve une mouche dans son verre de vin, mais ne l'enlève pas et ne la jette pas. C'est l'équivalent d'un homme qui voit sa femme se comporter de manière impudique avec d'autres hommes, mais qui n'est pas jaloux d'elle. C'est le comportement du licencieux. Il y en a une autre qui trouve une mouche dans son verre de vin et le vide entièrement. C'est l'équivalent de la personne qui voit sa femme parler avec d'autres hommes de manière respectueuse, mais qui est néanmoins jaloux d'elle. C'est le comportement d'une personne qui réagit de manière excessive, au-delà de la mesure appropriée.

33

> **À quoi les bonnes actions, face aux épreuves et à la souffrance, sont-elles comparables ? À un bouclier contre une flèche ?**

EXPLICATION – Si une personne fait une bonne action d'une façon apathique et faible, sans beaucoup d'effort, alors cela la protégera des faibles épreuves et des petites souffrances. C'est comme un bouclier fragile qui ne protège que des flèches tirées sans grande force, mais pas des flèches tirées avec force. Si une personne accomplit un acte de bonté avec un plus grand effort, cela la protégera de plus grandes souffrances. Ainsi, si une personne accomplit des actes de bonté avec un grand effort, en s'y investissant pleinement et complètement, alors son acte de bonté est comme un bouclier puissant qui ne peut être pénétré par aucune arme, même des armes de fer. En d'autres termes, son acte de bonté le protégera des plus grands défis et des plus grandes difficultés. C'est à ce propos qu'il est dit : « *Il te délivrera de six détresses, et dans la septième, aucun mal ne t'atteindra ; dans la famine, Il te délivrera de la mort, et dans la guerre, de la puissance de l'épée. Tu seras caché de la langue qui rôde, et tu n'auras pas à être effrayé par la destruction lorsqu'elle viendra etc.*[52] » De même, nos sages, de mémoire bénie, ont déclaré : « *Le repentir et les bonnes actions sont un bouclier contre le châtiment*[53] ».

34

> **À quoi les mauvaises actions, face aux épreuves et à la souffrance, sont-elles comparables ? À de la paille qui a pris feu à côté d'une grange.**

EXPLICATION – Les mauvaises actions perpétrées par les *reshaïm* sont comparables à de la paille. Le corps et les biens des *reshaïm* sont comparables à une grange. Les souffrances et les épreuves sont comparables au feu. Lorsque les feux des épreuves et des souffrances arrivent, ils s'emparent et enflamment la paille, c'est-à-dire les mauvaises actions du *rashâ* pécheur. Une fois que le feu s'est emparé de la paille, il se répand dans les granges, qui sont le corps et les biens des *reshaïm*. Nous constatons donc que le feu brûle et consume la grange parce qu'elle est adjacente à la paille.

---

[52] Job 5:19-21.
[53] Mishnah Avoth 4:11.

35

> À quoi le *tsadiq* vertueux, face aux épreuves et aux difficultés, est-il comparable ? À une large rivière qui sépare et arrête la propagation d'un grand feu de forêt.

EXPLICATION – Lorsque la souffrance et la calamité arrivent dans le monde, les *tsadiqim* se tiennent en bonne position, protégeant les gens de leur génération, comme une large rivière qui arrête un feu de forêt, empêchant la calamité de se produire.

C'est ce qui est dit à propos de Sodome : « *Et Yhwh dit : Si je trouve à Sodome cinquante hommes justes dans la ville, je pardonnerai à toute la ville à cause d'eux*[54] ». De même, il est dit à propos d'Aharon : « *Il se plaça entre les morts et les vivants, et la peste s'arrêta*[55] ». De même, il est dit à propos de Pinħas : « *Alors Pinħas se leva et exécuta le jugement, et la peste s'arrêta*[56] ».

36

> À quoi le *rashâ*, face aux épreuves et à la souffrance, est-il comparable ? À des buissons d'épines secs et à des broussailles avant un grand feu de forêt.

EXPLICATION – Lorsque la souffrance et la calamité arrivent dans le monde, elles affectent immédiatement les *reshaïm* et s'emparent d'eux comme le feu s'empare des broussailles et des buissons d'épines sèches.

De plus, à cause des *reshaïm*, même les *tsadiqim*, qui ne sont pas parfaitement justes, seront également touchés. C'est comme les buissons d'épines secs et les broussailles qui

---

[54] Genèse 18:26.
[55] Nombres 17:13.
[56] Psaumes 106:30.

prennent feu facilement et sont emportés par le vent jusqu'à ce qu'ils atteignent et brûlent les piles de céréales et les récoltes dans le champ. C'est ce qui est dit : « *Si un feu sort et trouve des épines et qu'une pile de grains ou une récolte sur pied ou un champ est consumé*[57] ».

37

> **À quoi le *yétsér hatov* (bon penchant) et le *yétsér harâ* (mauvais penchant) sont-ils comparables ? À deux épouses jalouses.**

EXPLICATION – Si le mari désire l'une d'entre elles, l'autre se met en colère. De la même manière, si une personne satisfait les désirs du *yétsér hatov*, cela sera indésirable pour le *yétsér harâ* et il en va de même pour l'opposé. Ainsi, jusqu'à ce que l'un des deux penchants l'emporte sur l'autre, ils se battent l'un contre l'autre et sont comparables à deux épouses jalouses, dont aucune n'a encore donné naissance à une progéniture.

Cependant, si l'une d'entre elles l'emporte sur sa semblable et donne naissance à une progéniture conforme à son espèce, à quoi est-elle est alors comparable ? À l'une des épouses jalouses qui donne naissance à un enfant, l'héritage et les biens du mari étant attribués à cet enfant. De la même manière, lorsque le *yétsér hatov* est renforcé chez l'humain, donnant naissance à de bonnes actions et rectifiant la communauté et autres, alors il est comparé à une personne qui a donné naissance à une bonne progéniture.

Une telle personne est donc un être juste, un *Tsadiq*, dont les propriétés sont toutes appropriées au *yétsér hatov* et à la progéniture de ses actions. Si, cependant, le *yétsér harâ* donne naissance, alors la progéniture de ses actions est dans

---

[57] Exode 22:5.

le domaine du *yétsér harâ*. Chacun est gouverné par la majorité des actes.

38

> **À quoi le *yétsér hatov* précédé du *yétsér harâ* est-il comparable ? À un sage qui est pauvre et qui vit sous la domination d'un riche, *rashâ (méchant)***

EXPLICATION – Dès la formation du fœtus, le *yétsér harâ* domine sa formation et, à mesure que le fœtus grandit, le *yétsér harâ* grandit avec lui. Pendant cette phase, le *yétsér hatov* n'est pas encore reconnaissable et n'a ni nom ni mémoire. Lorsque l'enfant naît, le *yétsér harâ* et ses campements naissent avec lui. Il s'agit des besoins physiques du corps, tels que téter, excréter, dormir, pleurer et tous les autres besoins physiques de ce type. Les caractéristiques du *yétsér hatov*, qui sont la Sagesse (*Ħokhmah*), Intelligence (*Binah*) et bonnes actions, ne sont pas encore apparentes, ni même envisagées dans le cœur.

Ainsi, à quoi le *yétsér harâ* est-il comparable ? À un souverain dans le corps de l'enfant. Cela se poursuit jusqu'à ce que l'enfant atteigne le début de la treizième année et présente les signes reconnaissables du début de la maturation, à savoir la pousse de deux poils dans les parties inférieures. À ce stade, à quoi le *yétsér hatov* est-il comparable ? À une petite plante qui a commencé à pousser, qui jusqu'à présent était enfouie sous la terre.

Une fois que les signes du *yétsér hatov* sont devenus apparents dans ses parties inférieures, il est susceptible d'être puni par le tribunal d'en bas. Lorsque les signes du *yétsér hatov* sont apparus dans ses parties supérieures, il est passible d'une punition par le tribunal d'en haut, lorsqu'il atteint l'âge de vingt ans. Le signe en est que lorsqu'il développe les signes inférieurs, il est passible de la cour inférieure, et lorsqu'il développe les signes supérieurs, il est passible de la cour supérieure.

Dès lors, au moment où les signes du *yétsér hatov* ont commencé à germer et à se développer, à quoi le *yétsér harâ* est-il déjà comparable ? À un grand et puissant arbre, avec de nombreuses racines et branches. Ainsi, à ce stade, le *yétsér hatov* comparé au *yétsér harâ* est comme un petit garçon se tenant devant un vieux roi rustre et corrompu, qui commence à mettre en œuvre des plans rusés et sournois pour empêcher quiconque de sauver la personne de la tyrannie du *yétsér harâ*. C'est à cet égard que le roi Salomon, la paix soit avec lui, a déclaré : « *Mieux vaut un jeune pauvre et sage qu'un roi vieux et sot qui ne sait plus être prudent*[58] ».

39

> **À quoi le *yétsér harâ* dans l'être humain est-il comparable ? À l'ivraie par rapport au grain qu'elle contient.**

EXPLICATION – De même que le grain ne pousse que par l'intermédiaire de la tige sur laquelle il croit et de l'ivraie dans laquelle il grandit, de même les membres du corps qui portent et contiennent l'âme ne peuvent croître qu'au moyen du *yétsér harâ*. Car c'est le *yétsér harâ* qui incite le corps à manger, à boire, à excréter, à dormir et à accomplir toutes ses autres fonctions corporelles. Nous constatons donc que c'est le *yétsér harâ* qui fait croître les membres du corps, conçus pour être la maison et le sanctuaire de l'âme. Cela ressemble à la façon dont la tige et l'ivraie poussent et abritent le grain.

Une fois que le grain a poussé et a mûri, la tige est moissonnée et battue, et le grain est séparé de la tige et de l'ivraie. De la même manière, une fois qu'une personne a

---

[58] Ecclésiastes 4:13.

grandi et que ses membres ont atteint l'âge de la force et de la puissance, il est convenable et approprié pour cette personne de battre son *yétsér harâ* et de le séparer, de l'abaisser et de l'humilier devant le *yétsér hatov*, car elle est alors capable de distinguer le bien du mal, tout comme une personne qui jette l'ivraie et retient le grain.

Or, le grain n'est séparé de la tige et de l'ivraie qu'au prix d'un effort et d'un travail considérables. C'est-à-dire qu'il doit être battu avec un fléau et de fortes tiges de fer qui brisent la paille et l'ivraie et les réduisent en poussière. De la même manière, le *yétsér harâ* ne peut être séparé d'une personne qu'au prix d'un effort et d'un travail considérables, après l'avoir battu avec grande force et avec la puissance des bonnes pensées et des bonnes actions. Ceci est comparable au battage du grain avec des fléaux et des baguettes. C'est par ce moyen que le *yétsér harâ* est abaissé, humilié et séparé de lui.

Après avoir battu les tiges et séparé le grain de l'ivraie, ils ne sont pas encore complètement séparés jusqu'à ce qu'ils soient tamisés et vannés, en les jetant au vent pour que l'ivraie soit emportée. De la même manière, le *yétsér harâ* ne peut être totalement séparé de l'humain que par la pensée et la volonté. La pensée est comparable au panier à vanner qui verse les grains et l'ivraie sur l'aire de battage, tandis que la volonté est comparable aux rafales de vent qui emportent et séparent l'ivraie du grain. Ainsi, même si la pensée verse le mélange, si une personne ne désire pas se séparer du *yétsér harâ*, à quoi elle est-elle comparable ? À une personne qui verse le grain et l'ivraie lorsque le vent ne souffle pas. Dans ce cas, le fait d'avoir versé le grain ne lui est d'aucune utilité, car si le vent ne souffle pas, l'ivraie restera mêlée au grain.

Or, après avoir séparé le grain, les tiges et l'ivraie sont transportés dans les granges extérieures et servent de fourrage aux animaux, tandis que le grain est transporté dans les granges intérieures, où il est stocké dans un endroit protégé. De la même manière, après que le *yétsér harâ* ait été séparé d'une personne, celle-ci doit lui réserver une place dans les membres extérieurs du corps, afin que les forces corporelles soient soutenues par elle. L'âme et ses pouvoirs, cependant, doivent être amenés dans les chambres intérieures des membres, afin que, grâce à eux, il soit possible de servir *Yhwh*, béni soit-Il, d'une manière complète et parfaite, sans aucune adjonction d'autre chose.

40

> À quoi le *yétsér harâ* d'un nourrisson est-il comparable ? À un tuteur.

EXPLICATION – Sans le *yétsér harâ*, la nature de l'enfant ne serait pas éveillée. Ainsi, c'est le *yétsér harâ* qui porte l'enfant : « *Comme le tuteur porte un nourrisson[59]* ». Il en est ainsi jusqu'à ce que l'enfant se soit développé et ait grandi. Ainsi, le *yétsér harâ* fait frémir la nature de l'enfant et retourne la vitalité du corps, comme le laboureur laboure la terre. C'est ainsi que le nourrisson tire sa vitalité et sa force de la nourriture et que son corps est amené à croître et à se développer selon le bon ordre des choses. Cette question est connue de ceux qui sont versés dans les sciences naturelles.

41

> À quoi l'intention du *yétsér harâ*, durant le développement et la croissance d'un humain, est-elle comparable ? À l'intention d'un voleur habile qui travaille pour un marchand.

EXPLICATION – Lorsqu'il est encore un enfant, le *yétsér harâ* s'efforce de faire croître et de développer ses membres,

---

[59] Nombres 11:12.

de l'engraisser et de le rendre sain. Mais ce n'est que pour pouvoir jeter son filet sur lui plus tard et le prendre au piège lorsqu'il deviendra un adolescent fort et puissant, car il sera alors une plus grande prise.

Cette situation est analogue à celle d'un voleur qui vient travailler pour un marchand. Il voit que le marchand commence tout juste à faire des affaires et qu'il commence seulement à réussir. Cependant, le commerçant n'est pas encore riche. Que fait le voleur astucieux ? Il sert le marchand, travaillant pour lui de toutes ses forces et avec beaucoup d'empressement. Si le marchand l'envoie quelque part pour livrer sa marchandise, il la garde soigneusement et ramène les bénéfices intacts. Il fait cela jusqu'à ce qu'il voit que le marchand est devenu assez riche. Cependant, une fois que le marchand est riche, le voleur trouve un plan astucieux. Il raconte au marchand que lorsqu'il s'est rendu dans un pays lointain pour son compte, il a constaté que le prix d'une certaine marchandise avait fortement augmenté dans ce pays. Il conseille donc au marchand de vendre toutes ses marchandises et ses biens et d'emprunter des fonds supplémentaires pour acheter autant de cette marchandise que possible, afin de la vendre dans ce pays lointain avec un grand profit. Il lui conseille également de garder le secret sur cette marchandise, afin d'en tirer le plus grand profit. Le marchand se réjouit de l'opportunité qui lui est offerte, achète autant de marchandises que possible et accompagne le voleur dans son voyage. Cependant, alors qu'ils sont seuls sur la route, le voleur assassine le marchand, prend toute la marchandise et l'argent et disparaît.

Ceci est analogue au *yétsér harâ* lorsqu'il est engagé dans la croissance et le développement d'une personne, travaillant à la réussite de son corps, de ses biens et de ses affaires, mais tout cela avec une mauvaise intention. Quelle est alors la solution ? Il faut accepter sa servitude, mais se méfier de lui, comme on se méfie d'un voleur. De plus, dès qu'il a acquis un bien suffisant qui incite le voleur au vol et au meurtre, il doit se lever et le tuer en premier, avant que le voleur ne le tue. C'est à ce sujet que les Sages ont déclaré : « *Si quelqu'un vient pour te tuer, lève-toi et tue-le en premier[60]* ».

42

À quoi le *yétsér harâ* durant l'adolescence est-il comparable ? À un bandit de grand chemin.

EXPLICATION – Lorsqu'un enfant n'a pas encore atteint l'âge de treize ans, le *yétsér harâ* domine sur son corps, pour contrôler sa croissance et son développement. L'enfant n'a donc pas encore la connaissance nécessaire pour faire le bien ou le mal avec Sagesse, car il n'a pas encore vu les merveilles de la Sagesse.

À ce stade, le *yétsér hatov* n'a aucune valeur pour lui. En effet, la force et la ruse du *yétsér hatov* ne se perfectionnent qu'avec la Sagesse et l'enfant n'a pas encore vu les merveilles de la Sagesse. Ce n'est que lorsqu'il atteint l'âge de treize ans et développe les signes de maturité, qui sont les deux poils des parties inférieures, qu'il commence à montrer des signes de Sagesse et de Connaissance et que les merveilles du *yétsér hatov* commencent à lui apparaître.

Or, en réalité, le *yétsér harâ* n'a pas d'armes propres pour mettre en œuvre ses projets. Il ne possède que les armes qu'il a dérobées au *yétsér hatov*, à savoir les facultés de Sagesse et de Connaissance. C'est pour cette raison qu'un enfant n'est pas puni par le tribunal lorsqu'il a moins de treize ans, car il n'a pas encore développé les facultés du *yétsér hatov* que sont la Sagesse et la Connaissance. Cependant, dès que les signes de maturité du *yétsér hatov* se manifestent, le *yétsér harâ* se réveille également et tente de voler les armes et les facultés du *yétsér hatov*.

---

[60] Talmud Bavli, Sanhedrin 72a.

Ainsi, le *yétsér harâ* est comparable à un bandit de grand chemin qui se place en embuscade à l'extérieur de la maison, afin de dérober les armes du *yétsér hatov*, qui sont la Sagesse et la Connaissance. Car il sait que s'il les possédait, il serait assuré de réussir à mettre en œuvre ses plans et ses machinations maléfiques et que toutes ses convoitises seraient satisfaites. Pendant cette période, le *yétsér hatov* doit être en alerte pour protéger les armes. Si le *yétsér hatov* l'emporte, alors il repoussera le *yétsér harâ* en le faisant fuir. Si, en revanche, le *yétsér hatov* est affaibli, alors le *yétsér harâ* entrera dans la maison et prendra le contrôle de toutes les armes.

43

À quoi le *yétsér harâ* chez une personne qui a commencé à pécher est-il comparable ? À un voyageur errant qui est devenu un hôte confortable.

EXPLICATION – Durant la période où la personne n'était qu'un jeune garçon, le *yétsér harâ* était à l'affût, comme un bandit en embuscade. Il attendait qu'il atteigne l'âge de treize ans, espérant dérober les armes du *yétsér hatov*, qui sont la Sagesse et la Connaissance, afin qu'il puisse ensuite satisfaire ses mauvaises convoitises et ses mauvais désirs. Pendant cette période, il n'est que comme un bandit de grand chemin qui guette l'entrée du cœur, espérant le moment où il pourra entrer et dérober les armes.

Si, cependant, le jeune commence à pécher et à transgresser, ne serait-ce qu'un seul péché, alors il est clair que le *yétsér harâ* a déjà trouvé une faille. Alors qu'il était auparavant à l'affût à l'extérieur, comme un voyageur, il est maintenant déjà entré dans la maison. Il est donc comparable à un invité qui, sans être le maître de maison, a trouvé un lieu de paix et de tranquillité où il peut se sentir chez lui.

44

> À quoi le *yétsér harâ* chez celui qui pèche à répétition est-il comparable ? Au maître de maison.

EXPLICATION – Lorsque le *yétsér harâ* pénètre dans les chambres du cœur et pousse une personne à transgresser, ne serait-ce qu'avec un seul péché, il lui instille le goût du péché. Il répète donc ses tentatives, l'incitant à transgresser le péché encore une fois, pour la deuxième fois. Une fois que la personne a péché une deuxième fois, le *yétsér harâ* est déjà devenu le maître de maison, car c'est par sa parole que tout va et vient. Le *yétsér harâ* se renforce donc encore plus dans son cœur, il y règne comme le maître de maison, sans que personne ne puisse protester. C'est à ce sujet que nos Sages, de mémoire bénie, ont déclaré : « *Lorsqu'une personne commet une transgression et la répète, elle lui devient permise. Peut-il vous venir à l'esprit que cela lui est permis ? Ce que l'on veut dire, c'est que dans son esprit, cela devient comme si c'était permis*[61] ».

45

> À quoi le *yétsér harâ* chez les *reshaïm* est-il comparable ? À une noix.

EXPLICATION – De même que la coque d'une noix entoure le fruit qu'elle contient, de même le *yétsér harâ* entoure les *reshaïm*, et ils n'ont aucun moyen d'accomplir une quelconque action si ce n'est par l'intermédiaire du *yétsér harâ*. Car, après tout, ils sont gouvernés par le *yétsér harâ* et il les entoure de toutes parts. Quelle est la solution pour une telle personne ? Elle doit briser le *yétsér harâ* et se libérer de sa servitude envers lui, tout comme il faut briser la coquille de la noix pour tirer profit du fruit qu'elle contient.

---

[61] Talmud Bavli, Yoma 86b.

46

> À quoi le *yétsér harâ* chez les *tsadiqim* est-il comparable ? À une datte.

EXPLICATION – La partie comestible d'une datte se trouve à l'extérieur, alors que le noyau se trouve à l'intérieur. Ceci est comparable aux *tsadiqim* qui entourent de tous côtés leur *yétsér harâ*, le capturant, le dominant et l'emprisonnant. C'est comme le noyau de la datte, qui est entouré de tous côtés par son fruit. De même, le corps du *tsadiq* est comparable au corps de la datte, dans lequel le fruit est à l'extérieur et il n'y a pas de coquille externe ou d'élément dur qui se dresse sur son chemin. Ainsi, lorsque le *tsadiq* en vient à accomplir les commandements et à réaliser de bonnes actions, il n'y a rien qui agisse comme un tampon pour l'arrêter ou le retenir de ses actes. Ceci parce que le *yétsér harâ* est conquis et emprisonné par le *tsadiq*, comme le noyau de la datte qui est entouré de tous côtés au centre de la datte. Or, n'avons-nous pas déjà dit qu'au début le *yétsér harâ* se positionne à l'extérieur et que ce n'est que lorsqu'il est renforcé qu'il entre à l'intérieur ? Comment dire alors que chez le *rashâ* il est comparable à une noix, en ce que le *yétsér harâ* l'entoure de l'extérieur, tandis que chez le *tsadiq* il est comparable à une datte, en ce que son *yétsér harâ* est à l'intérieur ? Sache que nous parlons là de sa domination et c'est de sa domination que parle alors notre analogie. C'est-à-dire que lorsqu'il domine toute la maison et que la maison entière est sous son contrôle, il est comparable à la coquille d'une noix. Cependant, lorsqu'il est dans un état de servitude et d'emprisonnement, il est comparable à une datte. Ainsi, il s'agit d'une analogie vraie et correcte, parce que les *tsadiqim* sont similaires à la datte, le Psalmiste a déclaré : « *Les tsadiqim fleuriront comme le palmier dattier*[62] ».

---

[62] Psaumes 92:13.

47

> À quoi le *yétsér harâ* dans un *béinoni* (intermédiaire) est-il comparable ? À une grenade.

EXPLICATION – De même qu'un *béinoni* n'est pas aussi strict dans sa méchanceté que le *rashâ* complet, de même, bien que la peau de la grenade entoure le fruit entier, elle n'est pas aussi dure ou forte que la coquille de la noix, qui est assimilée au *rashâ*. De même, tout comme tu constates que le *béinoni* est sur le point de corriger ses mauvaises actions, de même, la peau de la grenade se brise avec une relative facilitée. Néanmoins, elle retient le *béinoni* et agit comme un tampon, l'empêchant de faire de bonnes actions. Ainsi, il ne peut être comparé aux Justes (*tsadiqim*) qui sont comme la datte et n'ont pas de barrière qui les entrave.

48

> À quoi le *yétsér harâ* chez les *tsadiqim* à l'approche du moment de la mort est-il comparable ? À une pomme.

Nous avons déjà expliqué que le *yétsér harâ* est vaincu et emprisonné par la main du *tsadiq*. Cela a été comparé au noyau de la datte, qui est entouré de toutes parts. Cependant, le penchant du *tsadiq* est très dur et redoutable, comme la dureté du noyau de la datte, qui est beaucoup plus dur que les peaux ou les coquilles des autres fruits. C'est pour cette raison que les *tsadiqim* sont loués pour leur force, et sont appelés « puissants ». Car, leur *yétsér harâ* est très redoutable et puissant, et pourtant, ils ont le pouvoir et la force de le conquérir et de le placer sous leur contrôle. C'est à ce propos que nos Sages, de mémoire bénie, ont déclaré : « *Quiconque est plus grand qu'un autre, son yétsér est également plus grand[63]* ». De même, ils ont déclaré : « *Qui est puissant ? Celui qui conquiert son yétsér[64]* ». En d'autres termes, durant leur vie, le *yétsér harâ* des *tsadiqim* est très fort en eux, mais néanmoins ils le conquièrent et exercent une domination sur lui. Ceci est analogue au noyau de la date, comme nous l'avons expliqué précédemment.

Ainsi, lorsque les *tsadiqim* s'approchent de leur mort et que le *yétsér harâ* voit les nombreuses légions d'anges de la paix et de la miséricorde, ainsi que les récompenses et les plaisirs abondants qui attendent le *tsadiq* vertueux, le *yétsér harâ* se lève et fait la paix avec lui avant sa mort. Or, à ce moment-là, le *tsadiq* est comparable à une pomme dont le fruit est à l'extérieur et les pépins à l'intérieur, mais qui sont comestibles, tendres, délicieux et savoureux, car ils n'ont rien de dur.

Cela est analogue à une personne qui est en guerre contre son ennemi et qui voit de nombreux régiments venir à son aide depuis l'extérieur du royaume. Lorsque l'ennemi se rend compte qu'il sera complètement dépassé par les nombreuses troupes et qu'il sera incapable de leur résister, il se rend, fait la paix et leur est complètement soumis. C'est en cela que les *tsadiqim* sont assurés de faire la paix avec leur *yétsér* avant leur mort. C'est ainsi qu'il est dit : « *Tu iras chez tes pères en paix[65]* », et de même : « *En paix, je me coucherai et je dormirai[66]* », et : « *Tu mourras en paix[67]* ». C'est à ce propos que nos Sages, de mémoire bénie, ont déclaré : « *N'aie pas confiance en toi-même jusqu'au jour de ta mort[68]* ».

---

63 Talmud Bavli, Soukkah 52°.
64 Mishnah Avoth 4:1.
65 Genèse 15:15.
66 Psaumes 4:9.
67 Jérémie 34:5.
68 Mishnah Avoth 2:4.

49

> À quoi le *yétsér harâ* chez les *reshaïm* à l'approche du moment de la mort est-il comparable ? À une noix qui a pourri et s'est effritée.

EXPLICATION – Durant leur vie, le *yétsér harâ* des *reshaïm* est comparable à la coquille (*qlipah*) d'une noix qui l'entoure de toutes parts. Leur *yétsér harâ* est comparable à un riche maître de maison, qui règne sur tout le corps. Lorsqu'arrive le jour de la mort du *rashâ*, le *yétsér harâ* voit de nombreux anges de la destruction et de la souffrance qui viennent déraciner l'âme de ce *rashâ*. Ils viennent avec le feu, le soufre et les vents hurlants, consumant l'âme de ce *rashâ*, jusqu'à ce qu'il ait complètement pourri. Ainsi, lorsque le moment de sa mort arrive, son *yétsér harâ* s'est complètement effrité et l'âme et le corps du *rashâ* sont pourris, de sorte que le *rashâ* et son *yétsér harâ* sont tous deux détruits et décomposés, l'un effrité et l'autre pourri. C'est à ce propos qu'il est dit : « *Le nom des reshaïm tombera en pourriture[69]* ».

50

> À quoi un péché dans l'âme est-il comparable ? À une tache sur un vêtement.

L'explication est que les péchés ne sont pas égaux les uns par rapport aux autres, tout comme les taches sur les vêtements ne sont pas égales les unes aux autres. De plus, un péché spécifique d'une personne n'est pas égal à péché identique chez quelqu'un d'autre, tout comme une tache sur un vêtement n'est pas égale à la même tache sur un autre vêtement.

Nous voyons que les péchés ne sont pas égaux les uns aux autres, car celui qui convoite n'est pas le même que celui

---

[69] Proverbes 10:7.

qui vole, celui qui vole n'est pas le même que celui qui commet un adultère et celui qui commet un adultère n'est pas le même que celui qui commet un meurtre. Chaque type de péché est accompagné d'une punition distincte et d'un processus de purification qui lui est propre, différent des autres péchés, car les péchés ne sont pas égaux les uns aux autres. Cela est similaire à la façon dont une tache blanche est différente d'une tache rouge ou noire sur un vêtement.

De plus, le même péché n'est pas égal chez différentes personnes. Par conséquent, si dix personnes transgressent avec le même péché, la punition n'est pas nécessairement la même pour toutes. Par exemple, si une personne parfaitement juste commet un seul péché non grave, celui-ci est comparable à une petite tache sur un vêtement blanc. Or, bien qu'il s'agisse d'une petite tache, tout le monde la remarque et elle est donc plus déshonorante que la même tache sur un vêtement de couleur.

Cette situation est analogue à celle d'un *tsadiq* vertueux qui a commis un seul péché sans gravité. Son jugement est plus exigeant de la part d'En-Haut, car son péché est comme une tache sur un vêtement blanc. En revanche, si d'autres personnes, qui ne sont pas aussi sages ou justes que lui, commettent le même péché, c'est comme une tache sur un vêtement rouge ou noir. C'est-à-dire que la tache n'est pas aussi visible, sauf par un examen approfondi.

En outre, certaines taches s'incrustent plus profondément dans un vêtement et ne peuvent être enlevées qu'en frottant abondamment avec des produits abrasifs, comme le nitre, le borax et autres. De même, certains péchés sont si graves qu'ils ne peuvent être pardonnés qu'au prix d'une grande souffrance et d'une grande angoisse, c'est-à-dire au prix de larmes de repentir, de jeûne et de charité, comme il est dit : « *La souffrance purifie une personne de ses péchés*[70] ».

Or, de même que certaines taches ne peuvent jamais être complètement enlevées d'un vêtement, de la même manière, certaines transgressions ne sont pas pardonnées de son vivant, jusqu'à ce qu'il décède et goûte à la Géhenne. En revanche, il existe d'autres taches qui sont très légères et s'enlèvent facilement, même si elles sont lavées à l'eau. De même, certains péchés sont pardonnés dès le repentir, par la prière et la supplication pour obtenir la miséricorde, le pardon et l'expiation.

51

> **À quoi un péché bénin, devenu coutumier, est-il comparable ? À une corde de soie.**

EXPLICATION – Lorsqu'une personne transgresse pour la première fois avec un péché bénin, on la compare au glissement du ver à soie qui est très léger et peu résistant.

Cependant, au fur et à mesure que le péché s'installe en elle, il sèche et se transforme en un fil. Si elle continue à transgresser une deuxième et une troisième fois, il devient aussi fort qu'un fil de soie. Si elle transgresse dix ou vingt fois, il devient progressivement de plus en plus fort, jusqu'à devenir comme une corde pesante.

C'est-à-dire que, bien qu'à l'origine il soit aussi faible qu'un fil, parce que répété encore et encore, il est devenu aussi fort que les lourdes cordes du mât d'un navire. C'est à ce sujet qu'il est dit : « *Malheur à ceux qui tirent l'iniquité sur eux avec des cordes de mensonge et le péché avec les cordes d'un chariot*[71] ».

---

[70] Talmud Bavli, Brakhot 5a.
[71] Esaïe 5:18.

De même, nos sages, de mémoire bénie, ont déclaré : *« Lorsqu'une personne commet une transgression et la répète, elle lui paraît permise. Peux-tu vraiment penser que cela lui est permis ? La signification est plutôt que, dans son esprit, cela devient comme si cela était permis[72] ».*

52

À quoi le repentir d'un péché grave est-il comparable ? À la corde d'un seau.

EXPLICATION – Si une personne commet un péché très grave et sévère, mais qu'elle s'en repent, le regrettant, s'en éloignant et implorant toujours le pardon de *Yhwh*, alors, en raison de sa constante supplication pour le pardon, elle est comparée à la corde d'un seau utilisé pour puiser l'eau d'un puits.

Bien que la corde soit très épaisse et solide, elle s'affaiblit et s'effiloche à force d'être utilisée au point de se rompre. De même, si une personne se repent et implore constamment *Yhwh* de lui pardonner, c'est comme si elle manipulait et affaiblissait son péché petit à petit. Ainsi, avec le temps, son effet s'affaiblit jusqu'à ce qu'il soit finalement effacé, annulé et oublié.

À ce sujet, il est écrit : *« J'ai effacé tes transgressions comme un brouillard et tes péchés comme une nuée[73] ».*

Nos sages, de mémoire bénie, ont enseigné qu'il n'y a pas de péché si grand qui ne puisse être pardonné par le repentir et la supplication d'expiation.

---

[72] Talmud Bavli, Yoma 86b.
[73] Isaiah 44:22.

53

> À quoi le châtiment du *rashâ* (méchant) pour son péché est-il comparable ? À une personne qui creuse des trous, des fosses et des fossés dans un endroit où elle est assurément destinée à marcher dans les ténèbres de la nuit.

EXPLICATION – Lorsque le *rashâ* commet une transgression, c'est comme s'il creusait une fosse dans laquelle il tombera assurément, lorsque son âme quittera ce monde dans l'obscurité. À ce sujet, le roi Salomon s'est écrié et a dit : « *Le chemin des reshaïm (méchants) est comme les ténèbres, ils ne savent pas sur quoi ils trébuchent*[74] ». Il a également déclaré : « *Celui qui creuse une fosse y tombera*[75] ».

En plus d'être comparables à des fosses et des fossés, les péchés sont également comparables à des serpents et des scorpions. Lorsque l'âme du pécheur quitte son corps à la mort, elle trébuche dans les ténèbres dans ces fosses et les trouve remplies de serpents et de scorpions. Celui-ci la mord et celui-là la pique, celui-ci la brise et celui-là la mange. L'âme du *rashâ* descend dans tous les trous qu'il a creusés durant sa vie et reçoit le châtiment de tous les péchés qu'il a transgressés. À ce sujet, il est dit : « *Malheur au rashâ malveillant, car ce qui lui est fait récompense l'œuvre de ses mains*[76] ». De plus, il est dit : « *Ils mangeront le fruit de leur voie et seront rassasiés de leurs propres conseils*[77] ». De même, nos sages, de mémoire bénie, ont déclaré : « *Selon la façon dont un homme mesure les autres, il sera mesuré lui aussi*[78] ».

---

[74] Proverbes 4:19.
[75] Proverbs 26:27.
[76] Esaïe 3:11.
[77] Proverbes 1:31.
[78] Talmud Bavli, Sotah 8b.

54

> À quoi les afflictions dans ce monde sont-elles comparables ? À une personne coupable de la mort par le feu, à qui on fait goûter la chaleur.

EXPLICATION – Dans son abondante compassion et bonté envers les humains, le Saint, béni soit-Il, a préparé des remèdes pour toutes leurs maladies et leurs afflictions. C'est-à-dire que lorsqu'une personne transgresse des péchés graves, il convient qu'elle soit punie dans les feux du *shéol* qui brûlent son âme. Cependant, le Saint, béni soit-Il, a fait en sorte qu'elle soit affligée dans ce monde, car la souffrance de ce monde est minuscule en comparaison de l'agonie du *shéol*. La souffrance de ce monde est comme de l'eau chaude comparée à la souffrance du *shéol*, qui est comme la chaleur intense du feu lui-même. Le Saint, béni soit-Il, fait cela pour que l'humain ait un petit avant-goût de la grande douleur et de la souffrance qui l'attendent au *shéol* s'il ne s'amende pas. S'il est sage, il sera incité à se repentir dans ce monde et n'aura pas à subir les punitions du purgatoire. C'est-à-dire qu'en raison de la petite souffrance qu'il subit ici, dans ce monde, il prendra soin d'éviter la plus grande souffrance du *shéol*.

55

> À quoi celui qui était en bonne santé et qui est atteint d'une maladie grave est-il comparable ? À une personne dont les comptes sont vérifiés par le roi.

EXPLICATION – L'homme a été créé pour servir le Saint, béni soit-Il, pour accomplir Ses commandements et s'abstenir de transgresser Sa volonté. Quand vient le moment pour lui de quitter ce monde, il est semblable à une personne qui doit rendre des comptes devant le roi.

Or, la maladie qui affecte le corps de l'homme, est comme un émissaire envoyé par le roi pour demander une vérification de tous ses comptes. En effet, la maladie est l'émissaire de l'ange de la mort. Ainsi, lorsqu'une personne tombe gravement malade, elle doit s'examiner, se repentir et confesser tous ses méfaits devant le roi.

Il arrive qu'une personne tombe malade et retrouve ensuite la santé. C'est l'équivalent d'une personne dont les comptes ont été vérifiés par le roi et sont ressortis sans tache. Cependant, d'autres fois, une personne meurt de sa maladie. C'est l'équivalent d'une personne dont les comptes ont été vérifiés par le roi et qui a été reconnue coupable.

56

> À quoi le jour de la mort des *tsadiqim* (justes) est-il comparable ? À une personne à qui l'on doit de l'argent et dont le jour du paiement est arrivé.

EXPLICATION – Même dans ce monde, les *tsadiqim* sont entièrement impliqués dans le service du Saint, béni soit-Il. En raison de leur guerre contre le *yétsér harâ* et de diverses autres épreuves et tribulations, leur vie est remplie de nombreuses difficultés. Ils sont comparables à une personne qui a prêté ses biens, mais qui est destinée à les récupérer.

Ainsi, le jour de leur mort est comparable à une personne à qui l'on doit de l'argent et le moment de rembourser le prêt arrive. Par conséquent, ils sont joyeux et se réjouissent dans une grande allégresse.

57

> **À quoi le jour de la mort des *reshaïm* (méchants) est-il comparable ? À une personne qui doit beaucoup d'argent à d'autres et qui, parce que le moment est venu de rembourser sa dette, est attristée et gémit de détresse.**

EXPLICATION – Lorsque les *reshaïm* sont dans ce monde, ils n'ont pas de bonnes actions pour les soutenir. Au contraire, ils poursuivent leurs convoitises et leurs désirs et ne se privent pas de toutes les transgressions. Ainsi, chaque jour, ils s'endettent de plus en plus devant le Saint, béni soit-Il. Ils sont comparables à une personne qui emprunte constamment de l'argent aux autres et l'utilise pour manger, boire et se livrer à toute sorte de débauche, sans jamais le rembourser jusqu'au jour de la mort.

À propos d'une telle personne, le psaume dit : « *Le méchant emprunte et ne rembourse pas[79]* ». Cependant, lorsque le paiement de sa dette arrive à échéance, il soupire et gémit de détresse.

Il en va de même pour le *rashâ*. Chaque jour de sa vie, il s'endette de plus en plus envers son Créateur, et lorsque le jour de sa mort arrive, il soupire et gémit de détresse, car il sait que sa dette est due et que tout ce qu'il a emprunté lui sera désormais arraché par la force.

À ce sujet, Rabbi Âqiva, de mémoire bénie, a déclaré : « *Tout est prévu, mais la liberté de choix est accordée. Le monde est jugé selon la bonté et tout se passe selon la prépondérance des actes de chacun[80]* ».

Il a rajouté : « *Tout est donné contre garantie et un filet est tendu sur tous les vivants. La boutique est ouverte, le commerçant fait crédit, le grand livre est ouvert. La main écrit et celui qui veut*

---

[79] Psaumes 37:21.
[80] Mishnah Avoth 3:15-16.

emprunter peut venir et s'endetter. Les collecteurs font leur tournée régulièrement, chaque jour, et exigent le paiement d'une personne, avec ou sans son consentement et ils ont sur quoi compter, car le jugement est un jugement vrai et tout est préparé pour la fête ».

58

> **À quoi les *reshaïm* punis au *shéol* sont-ils comparables ? À un ustensile en métal fondu dans le feu.**

EXPLICATION – Lorsqu'un *rashâ* transgresse un péché spécifique plusieurs fois, il peut se dire que puisqu'il a déjà commis ce péché une fois et qu'il sera puni pour cela, il peut aussi bien le commettre encore plusieurs fois. Il pense qu'il recevra une seule forme de punition pour ce péché et qu'il ne subira donc qu'une seule punition pour les nombreuses fois où il l'a transgressé. Or, il n'en va pas ainsi.

Ceci est plutôt comparable à un ustensile en métal qui s'est abîmé et s'est brisé. Il est alors placé dans le feu du creuset et transformé en un nouvel ustensile, semblable au premier. Cependant, il ne s'agit pas réellement du premier ustensile, mais il est seulement appelé par le même nom. Par exemple, si c'était une broche de métal, elle est fondue et transformée en une nouvelle broche. De la même manière, une personne qui a transgressé par le même péché à plusieurs reprises est jugée pour chacune des occasions où elle l'a commis, tout comme une broche qui est fondue et refaite une deuxième, troisième et quatrième fois.

C'est également le cas si une personne a commis de nombreux péchés différents. Sa punition au *shéol* est comparable à un ustensile en fer qui s'est brisé. S'il s'agit d'une broche, elle est placée dans le feu et transformée en pelle. S'il se brise à nouveau, il est remis dans le feu et transformé en gril, s'il se brise à nouveau, il est transformé en couteau et s'il se brise encore, il est transformé à nouveau en broche.

Il en va de même pour ce pécheur. Il est puni au *shéol* pour chacun des péchés qu'il a commis. C'est-à-dire qu'il est fondu dans les feux du *shéol* jusqu'à ce qu'il subisse la punition pour chaque transgression particulière qu'il a commise et qu'il reçoive la forme de punition correspondant à la forme de chaque péché différent qu'il a transgressé. Cela se produit pour tous les différents péchés qu'il a commis. Il doit faire face au jugement et recevoir la punition pour chaque forme de péché commis individuellement, comme expliqué.

59

> À quoi la *teshouvah* (repentance) est-elle comparable ? À un os cassé qui a guéri.

EXPLICATION – Tant que l'âme d'une personne est connectée au monde céleste, elle est comme une branche qui pousse de l'arbre. Cependant, si des péchés graves sont commis et qu'elle devient passible du châtiment du *karéth* (rupture), alors son âme est coupée de sa connexion à l'Arbre de Vie. Elle est telle une branche qui a été coupée de l'arbre. À ce sujet, la *Torah* déclare : « *Cette âme sera retranchée (nikrétah) de son peuple*[81] ».

Cette situation est analogue à celle d'un os qui s'est brisé et s'est retrouvé coupé du corps. Si, toutefois, l'âme se repent et s'amende, elle revient et se reconnecte à l'endroit où elle se trouvait avant d'être coupée. C'est comme un os cassé qui est ressoudé et guéri par des procédures et des remèdes médicaux. De même, la *teshouvah* est comparable à une guérison médicinale, comme il est dit : « *Je les guérirai de*

---

[81] Genèse 17:14.

leur reniement[82] » et de même : « *Afin que son cœur comprenne, se repente et soit guéri*[83] ».

60

> À quoi la *teshouvah* chez les jeunes est-elle comparable ? À un emprunteur qui rembourse sa dette de son propre chef.

EXPLICATION – Pendant sa jeunesse, le *yétsér harâ* est extrêmement puissant et fort, ce qui l'amène à commettre toutes sortes de péchés graves. Cependant, s'il se repent et amende ses mauvaises habitudes pendant sa jeunesse, bien que le *yétsér harâ* soit très fort en lui, il n'y a pas de plus grande *teshouvah* que celle-ci, car c'est une *teshouvah* complète.

Ceci est comparable à un bon emprunteur qui vient rembourser sa dette de son propre chef, sans en être forcé par le prêteur. En raison de la grande difficulté qu'il rencontre dans sa *teshouvah*, dans la mesure où la chaleur de son *yétsér harâ* est encore très vive en lui, ce type de *teshouvah* est très précieuse et désirable devant le Saint, béni soit-Il, plus que toute autre forme de *teshouvah*.

61

> À quoi la *teshouvah* durant la vieillesse est-elle comparable ? À un emprunteur dont le prêt arrive à terme et qui est obligé de rembourser sa dette.

EXPLICATION – Lorsqu'une personne commet un péché dans sa jeunesse, son *yétsér harâ* est à son apogée et la pensée de *teshouvah* ne lui vient jamais à l'esprit. Cependant,

---

[82] Osée 14:5.
[83] Esaïe 6:10.

lorsqu'elle devient vieille, son *yétsér harâ* diminue et s'affaiblit, car à ce moment-là, la plupart de ses légions et de ses soldats ont déjà été détruits. Lorsque le vieux se rend compte de son état de faiblesse et que la mort est proche, il se dit : « *Pourquoi devrais-je continuer à me ranger du côté du yétsér harâ ? Mon corps est fatigué et ses forces ont diminuées. Combien de temps encore puis-je continuer à me rebeller et à pécher ?* » Nous voyons donc qu'il se repent car le *yétsér harâ* et ses forces se sont déjà affaiblis et les pouvoirs de son corps ont diminué.

Par conséquent, il est comparable à un emprunteur dont le prêt arrive à terme et qui est obligé de rembourser sa dette.

62

À quoi la douleur de la *teshouvah* dans la jeunesse est-elle comparable ? Au fait de couper la chair d'un corps à vif.

Explication – Parce que le *yétsér harâ* est au sommet de sa force pendant la jeunesse, il se lie et s'attache à tous les membres du corps avec une grande puissance et une forte adhérence. Ainsi, lorsqu'une personne se repent dans sa jeunesse, séparer le *yétsér harâ* de son corps est comparable au fait de couper une partie de sa propre chair à vif. Cela est dû au fait que le *yétsér harâ* est si fortement lié à elle, comme s'il faisait partie d'elle. Par conséquent, la *teshouvah* dans la jeunesse est une excellente forme élevée de *teshouvah*, car elle est obtenue au prix d'une grande douleur et de grandes difficultés.

À ce sujet, nos Sages, de mémoire bénie, ont déclaré : « *La récompense est à la mesure de la difficulté*[84] ».

---

[84] Mishnah Avoth 5:23.

63

> À quoi la douleur de la *teshouvah* dans la vieillesse est-elle comparable ? À une personne qui se coupe les ongles ou les cheveux.

EXPLICATION – Lorsqu'une personne vieillit, la force de son *yétsér harâ* s'affaiblit et les charbons ardents de son désir diminuent. Ainsi, le *yétsér harâ* n'est pas aussi attaché à son corps que durant sa jeunesse. Car le corps s'est affaibli et n'a plus la force de manier les armes du *yétsér harâ*. Ainsi, dans la vieillesse, le lien du *yétsér harâ* avec son corps est comparable au lien de ses ongles et de ses cheveux avec son corps. Ainsi, s'il souhaite revenir à *Yhwh* et faire *teshouvah*, il est facile et indolore pour lui de s'humilier et de se défaire du *yétsér harâ*, comme de se couper les ongles ou les cheveux.

64

> À quoi, aux yeux du Saint, béni soit-Il, la *teshouvah* dans la jeunesse par rapport à la *teshouvah* durant la vieillesse, est-elle comparable ? À une personne qui apporte un cadeau de figues mûres au roi. Pendant la jeunesse, cela est similaire au fait d'apporter un cadeau de figues mûres au roi au mois de *Tévéth* et durant la vieillesse, cela est similaire au fait d'apporter un cadeau de figues mûres au roi au mois de *Tammouz*.

EXPLICATION – Si une personne se repent dans sa jeunesse, alors que son *yétsér harâ* est dans la force de l'âge, c'est une chose très merveilleuse. Car pour cela, elle doit humilier et briser son *yétsér*, alors que pendant ce temps, elle voit ses pairs courir après les désirs de leur *yétsér harâ*, poursuivant des pensées insouciantes de luxure, de péché et de gaieté.

Cependant, puisqu'elle reconnaît que ce sont des comportements erronés et que si elle continuait sur cette voie, elle serait jugée défavorablement et puni pour cela, et qu'elle se sépare complètement et renonce à ces comportements malgré la tentation de suivre ses pairs, elle trouvera une grande faveur et sera aimé devant le Saint, béni soit-Il.

Ceci est comparable à une personne qui apporte un cadeau de figues mûres au roi, en hiver, quand elles ne sont pas de saison.

Cependant, si une personne se repent à un âge avancé, une fois que ses forces ont diminué et que les flammes de la luxure se sont éteintes, cela n'a rien d'exceptionnel. Au contraire, il est courant que les gens se repentent à un âge avancé, lorsque leurs forces ont diminué et que la mort est proche. Cette situation est comparable à celle d'une personne qui apporte au roi un cadeau de figues mûres en été, lorsqu'elles sont abondantes et qu'elles sont vendues sur la place du marché au boisseau pour une somme dérisoire.

65

> **À quoi ce Monde-ci (*Ôlam hazéh*) est-il comparable ?
> À la terre ferme.**

EXPLICATION – Tant qu'une personne se trouve dans ce monde, elle est capable de satisfaire sa volonté et ses désirs. Ceci est comparable à une personne qui voyage à pied sur la terre ferme et qui peut aller où elle veut. En revanche, si elle voyage par la mer, elle ne peut pas le faire, car elle est confinée à la zone du navire. De plus, de même que l'on laboure et que l'on sème sur la terre ferme, et que toutes sortes de subsistances germent, de même, lorsqu'on fait de bonnes actions et qu'on accomplit les commandements de *Yhwh* dans ce monde, c'est comme si l'on semait des graines de succès et de récompense pour le Monde-à-Venir (*Ôlam haBa*).

Or, de même que lorsqu'une personne laboure et sème son champ, elle a encore besoin de l'aide d'en haut, par le biais des vents et des pluies de bénédiction, de même lorsqu'elle accomplit de bonnes actions dans ce monde, elle a néanmoins besoin de l'aide d'En Haut, comme l'ont déclaré nos Sages, de mémoire bénie : « *Celui qui vient se purifier reçoit l'aide d'En Haut*[85] ».

De la même manière, bien que l'humain soit impliqué dans les affaires de ce monde, son but ultime est la Vie du Monde-à-Venir (*Ĥayé haÔlam haBa*).

66

À quoi le Monde-à-Venir (*Ôlam haBa*) est-il comparable ? À la mer.

EXPLICATION – De même que lorsqu'une personne voyage en mer, si elle n'a pas préparé de provisions pour la traversée avant de prendre la mer, elle n'aura pas de quoi manger pendant son voyage, il en va de même pour le Monde-à-Venir. Si une personne ne prépare pas son âme dans ce Monde-ci (*Ôlam haZéh*), en faisant de bonnes actions et en accomplissant les commandements de *Yhwh*, elle manquera de nourriture dans le Monde-à-Venir.

De même que la mer n'est pas un lieu où l'on peut labourer, semer et récolter, de même, le Monde-à-Venir n'est pas un lieu d'actions où l'on peut travailler, profiter et trouver sa subsistance. En effet, dans le Monde-à-Venir, il n'y a pas de labours, de semailles et de récoltes et la seule subsistance d'une personne est ce qu'elle a récolté par le travail de ce Monde-ci.

---

[85] Talmud Bavli, Yoma 38b.

Or, la mer recèle de nombreuses créatures, perles et pierres précieuses. Cependant, elles sont toutes cachées aux yeux des humains, car elles sont recouvertes par des eaux profondes. La récompense et l'abondance de la bonté, la richesse et les délices du Monde-à-Venir sont cachés à nos yeux et aucune créature ne peut les contempler. C'est ce qu'il est dit : « *Quelle est l'abondance de Ta bonté que Tu as cachée pour ceux qui Te révèrent*[86] ». De même, il est dit : « *Excepté Toi, Élohim, aucun œil n'a vu ce que Tu feras pour ceux qui T'attendent*[87] ».

Or, l'humain ne peut se déplacer sur la mer qu'en bateau, et tout le monde n'est pas habile à la navigation ou ne connaît pas ses voies et ses routes. De même, l'humain ne voyage pas dans le Monde-à-Venir de son propre chef, mais il y est conduit par le Suprême.

De plus, il arrive que la mer soit calme et que le navire voyage en douceur et sans encombre. Cependant, il se peut que la mer soit houleuse, qu'elle fasse couler le navire et qu'elle entraîne la perte de vies et de richesses. Il en va de même pour les *tsadiqim*, le Monde-à-Venir est comparable à une mer calme, alors que pour les *reshaïm*, il est comparable à une mer houleuse, détruisant les navires, les passagers et leurs biens maléfiques.

En outre, les âmes des *reshaïm* sont jugées à la mort, expulsées du Monde-à-Venir et envoyées au *shéol*. C'est comme la mer qui transporte les morts et les rejette. D'autres fois, ils sont jugés par des flammes de feu ardent qui jaillissent du Monde-à-Venir et les consument. Cela est comparable aux cadavres des morts qui sont dévorés par les créatures marines.

Or, une personne qui sait plonger dans les profondeurs de la mer peut découvrir et remonter de

---

[86] Psaumes 31:20.
[87] Esaïe 64:3.

nombreuses perles et pierres précieuses. Ceci est analogue aux *tsadiqim* qui naviguent sur les eaux du Monde-à-Venir, chacun voyageant vers sa récompense. Ceux qui sont aptes, peuvent plonger dans ses eaux et en tirer toutes sortes de plaisirs et de délices, qui sont comparables aux perles et aux pierres précieuses. Telles sont les récompenses des *tsadiqim* en raison de leurs mérites dans ce Monde-ci.

67

> **À quoi celui qui place sa confiance en *Yhwh*, béni soit-Il, est-il comparable ? À celui qui puise de l'eau dans l'océan.**

EXPLICATION – La confiance en *Yhwh*, béni soit-Il, ne décevra jamais. Car *Yhwh*, béni soit-Il, a créé Son monde et Il crée chaque jour toutes sortes de moyens de subsistance pour ses habitants. Il renouvelle chaque jour l'acte de Création, en fournissant à toutes Ses créatures de la nourriture et des moyens de subsistance, comme le dit l'Écriture : « *Il donne du pain à toute chair, car éternelle est Sa bonté*[88] ».

Ainsi, l'abondance de la nourriture qu'Il crée chaque jour pour soutenir Ses créatures est comparable à la mer, car à chaque instant de chaque jour, d'innombrables sources et rivières s'y jettent, comme il est dit : « *Tous les fleuves vont vers la mer*[89] ». Par conséquent, quiconque fait confiance à *Yhwh* attire la bonté de *Yhwh*, comme il est dit : « *Quiconque fait confiance à Yhwh la bonté l'entoure*[90] ». Il ne manque donc jamais de la bonté de *Yhwh*. C'est comme une personne qui puise de l'eau dans la mer et le fait avec la certitude que ses eaux ne s'épuiseront jamais. Car quelle que soit la quantité

---

[88] Psaumes 136:25.
[89] Ecclésiaste 1:7.
[90] Psaumes 32:10.

d'eau qu'elle puise, c'est comme une goutte d'eau de l'océan par rapport aux innombrables rivières qui s'y déversent.

68

> **À quoi une personne qui place sa confiance dans l'humain est-elle comparable ? À un ruisseau dont les eaux sont alimentées par les pluies.**

Explication – Placer sa confiance en l'humain, même s'il est très généreux, est une confiance qui finira par décevoir et tromper. En effet, il est tout à fait possible que les fonds du donateur le plus généreux s'épuisent et que, même s'il souhaite tenir sa promesse, il ne soit plus en mesure de le faire. Car la richesse est accordée par *Yhwh* plutôt que par le pouvoir humain. Ainsi, il est comparable à un ruisseau dont les eaux dépendent de la pluie. Tant qu'il y a des pluies, le ruisseau coule et ses eaux sont bénéfiques aux hommes et aux animaux.

Cependant, à la saison sèche, ses eaux se tarissent et il cesse de couler. Celui qui compte tirer de l'eau d'un tel ruisseau constatera qu'à ces moments-là, la source de sa confiance s'est tarie. Ceci est analogue à la richesse des généreux. Si *Yhwh*, béni soit-Il, désire que leurs entreprises réussissent, c'est comme la pluie qui alimente le ruisseau. Toutefois, si les bénédictions de *Yhwh* cessent, le succès de leurs entreprises cesse également, et ils ne peuvent plus assurer la subsistance de ceux qui dépendent d'eux. À ce sujet, un psaume a dit : « *Il vaut mieux vaut s'abriter en Yhwh que se fier aux puissants[91]* ».

---

[91] Psaumes 118:9.

69

> À quoi les riches sont-ils comparables ? À une personne qui sème et récolte.

EXPLICATION – Lorsqu'une personne voit que ses entreprises sont couronnées de succès et qu'elle s'enrichit, elle doit le contempler et mêler une part de tristesse et d'inquiétude à sa joie. Car, peut-être, reçoit-elle la récompense de ses bonnes actions dans ce Monde-ci et rien ne lui restera pour le Monde-à-Venir. Elle est ainsi comparable à une personne qui a semé et récolté. Si elle ne continue pas à semer et à récolter, son champ cessera de produire du grain comme elle avait l'habitude de le faire. Ainsi, si elle voit qu'elle a du succès dans ses entreprises et que sa richesse augmente, elle doit le considérer comme si elle avait récolté son champ et reçu sa récompense. Que doit-elle faire ? Elle doit replanter son champ et le cultiver comme avant. En d'autres termes, elle doit augmenter sa charité et ses bonnes actions, afin de pouvoir récolter à nouveau et augmenter sa richesse. La personne riche doit toujours se souvenir de cela, et ne doit jamais retirer cette pensée de son esprit si elle souhaite récolter une quelconque récompense dans le Monde-à-Venir. À ce sujet, le roi Salomon, la paix soit avec lui, a déclaré dans sa grande sagesse : « *Sème ta semence dès le matin, et ne laisse pas reposer ta main le soir*[92] ».

Toute personne intelligente devrait bien méditer cela et comprendre pourquoi *Yhwh*, béni soit-Il, a créé le monde avec des semailles et des récoltes. Cela a été fait pour éveiller le cœur de Ses créatures, afin qu'elles sèment et récoltent toujours, en accomplissant Ses commandements et en accomplissant des actes de bonté et de bienveillance.

---

[92] Ecclésiaste 11:6.

71

> **À quoi un riche *tsadiq* vertueux est-il comparable ? À une personne qui a planté un arbre et en recueille les fruits.**

EXPLICATION – Un *tsadiq* vertueux, qui est riche, qui accomplit de nombreux actes de bonté et qui s'épanouit constamment dans l'accomplissement des commandements de *Yhwh*, est comparable à une personne qui plante de nombreux arbres fruitiers. Elle récolte les fruits abondants des arbres, mais les arbres restent intacts.

De la même manière, les mérites des *tsadiqim* demeurent intacts et ne s'épuisent pas. Ainsi, bien qu'ils connaissent le succès dans leurs efforts physiques et tirent plaisir de ce monde, ils sont comparables à une personne qui a planté un verger et en récolte les fruits. Bien que les fruits soient cueillis et appréciés, les arbres restent intacts. À ce sujet, nos Sages, de mémoire bénie, ont déclaré : « *Ce sont les choses dont une personne jouit des fruits dans ce Monde-ci, tandis que le principe lui reste pour le Monde-à-Venir*[93] ».

Celui qui comprend les deux analogies ci-dessus comprendra la différence entre les mérites forts et les mérites faibles, ainsi que la différence entre semer et récolter et planter un arbre et cueillir ses fruits.

71

> **À quoi une personne pauvre est-elle comparable ? À une personne qui sème et espère le temps de la récolte.**

EXPLICATION – Il n'existe aucune créature au monde dont la subsistance n'est pas assurée par le Créateur, béni

---

[93] Mishnah Peah 1:1.

soit-Il et béni soit Son nom. C'est ce qui est dit : « *Les yeux de tous se tournent vers Toi avec espoir et Tu leur donnes leur nourriture en temps voulu. Tu ouvres Ta main et satisfais le désir de tout être vivant*[94] ». De même, il est dit : « *Qui donne au bétail sa nourriture, et aux petits du corbeau qui croassent*[95] ». Ainsi, même un indigent qui n'a aucun mérite pour le soutenir, est soutenu par *Yhwh*, béni soit-Il, pas moins que les animaux.

Nos sages, de mémoire bénie, l'ont enseigné à travers l'histoire suivante : « *Un jour, lors d'une année de sécheresse, Rabbi Yehoudah Ha Nassi ouvrit ses entrepôts pour distribuer de la nourriture. Il dit : Les maîtres de la Torah, de la Mishnah, du Talmud, de la Halakhah et de l'Aggadah peuvent entrer et recevoir de la nourriture, mais les non-initiés ne peuvent pas entrer. Rabbi Yonathan ben Amram poussa et entra. Il dit : Rabbi, soutiens-moi. Rabbi Yehoudah répondit : Mon fils, as-tu étudié la Torah ?* », ce *à quoi il répondit : Non. As-tu étudié la Mishnah ? à quoi il répondit Non. Rabbi Yehouda dit : Ainsi, pour quel mérite dois-je te soutenir ? Rabbi Yonathan répondit : Soutiens-moi comme un chien ou un corbeau. Rabbi Yehoudah accepta ses arguments et le nourrit*[96] ».

Il en va de même pour toute personne qui n'a pas de bonnes actions à son actif. Le Saint, béni soit-Il, ne la soutient pas moins que l'un des animaux. Ainsi, lorsqu'un pauvre voit qu'il n'a pas de quoi survivre, mais qu'il met sa confiance en *Yhwh*, béni soit-Il, la confiance elle-même est son mérite. Il est ainsi comparable à une personne qui a semé et qui espère le moment de la récolte. À ce sujet, il est dit : « *Béni soit le brave qui s'assure en Yhwh ! Yhwh est sa sécurité*[97] ». Nous apprenons ainsi qu'il n'y a aucun humain au monde qui n'ait pas son temps de semence et de récolte.

---

[94] Psaumes 145:15-16.
[95] Psaumes 147:9.
[96] Talmud Bavli, Bava Batra 8a.
[97] Jérémie 17:7.

72

> À Quoi un *tsadiq* vertueux, qui est pauvre, est-il comparable ? À un homme riche qui voyage, s'arrête dans une auberge en cours de route, mais ne peut y trouver aucune nourriture ou subsistance.

EXPLICATION – Il existe des *tsadiqim* qui ne méritent pas de tirer plaisir de ce monde. Ainsi, tous leurs mérites et leurs bonnes actions sont conservés pour le Monde-à-Venir. Tant qu'ils sont dans ce Monde-ci, ils sont comparés à un homme riche dont la maison est remplie de toutes sortes de plaisirs, mais qui voyage loin de chez lui. Au cours de son voyage, il tombe sur une auberge et y passe la nuit, mais ne trouve rien à manger. Au matin, il se réveille et retourne chez lui. À son retour, il se délecte des plaisirs de la maison et se souvient des souffrances qu'il a endurées à l'auberge, qu'il raconte à sa famille. Il leur dit : « *Si je n'avais pas souffert à l'auberge, je ne pourrais pas apprécier le plaisir et la joie d'être chez moi. À cause de cette souffrance, les plaisirs de la maison sont d'autant plus doux pour moi* ».

Il en va de même pour les justes qui souffrent de la dureté et de la pauvreté dans ce monde. Lorsqu'ils arrivent dans le Monde-à-Venir, ils y trouvent toutes sortes de plaisirs. Leur table est mise et leur lit est fait. Ainsi, leur joie est doublée et leur plaisir est plus grand que celui des *tsadiqim* qui ont tiré leur plaisir de ce monde. En effet, la douleur et la pauvreté qu'ils ont subies dans ce Monde-ci sont semblables à celles de quelqu'un qui a bu une concoction d'herbes amères et qui a ensuite bu un doux nectar pour en effacer le goût. La douceur du nectar en est d'autant plus appréciée.

D'autre part, les *tsadiqim* qui tirent du plaisir de ce Monde-ci sont comparables à une personne qui a goûté à la douceur tous les jours de sa vie et n'a jamais connu le goût de l'amertume. Elle ne peut pas apprécier le plaisir de la douceur dans la même mesure. En revanche, les *tsadiqim* qui ont bu à la coupe de l'amertume dans ce monde, en retirent un plaisir bien plus grand et apprécient vraiment la douceur du Monde-à-Venir. De plus, ils éprouvent une joie encore plus grande lorsqu'ils se souviennent des souffrances qu'ils ont endurées dans ce monde. À ce sujet, il est dit : « *Et je changerai leur deuil en allégresse, et je les consolerai, et je les réjouirai en les délivrant de leur douleur*[98] ». Ainsi, lorsqu'ils arriveront dans le Monde-à-Venir, toutes les souffrances de ce Monde-ci leur sembleront n'avoir été qu'une seule nuit.

73

> **À quoi le *lashon harâ* (médisance) est-il comparable ? À un serpent.**

EXPLICATION – Tel un serpent frappe et tue avec sa langue, ainsi une personne qui parle mal frappe et tue avec sa langue. De même qu'un serpent frappe et mord depuis sa cachette, de même une personne qui parle mal se cache et dit du mal de son prochain derrière son dos. Tel un serpent rampe sur son ventre et mord, de même une personne qui parle mal se cache et dit du mal des autres. Tout comme le serpent peut tuer les vivants, de même le *lashon harâ* peut tuer les vivants.

74

> **À quoi la colère est-elle comparable par rapport à l'intellect ? À un nuage devant le soleil.**

EXPLICATION – De même qu'un nuage empêche la lumière du soleil de briller sur la terre, de même, la colère empêche la lumière de l'intellect d'illuminer le corps. Si un

---

[98] Jérémie 31:13.

sage est en colère, la colère neutralise sa sagesse et la place dans la catégorie des fous qui font des choses insensées. À ce sujet, le roi Salomon a déclaré dans sa sagesse : « *Ne hâte pas ta colère dans ton esprit, car la colère repose au sein des sots[99]* ». Nos sages, de mémoire bénie, ont déclaré de la même manière : « *Toute personne qui se met en colère, si elle est un érudit, sa sagesse s'éloignera d'elle et si elle est un prophète, sa prophétie s'éloignera d'elle[100]* ».

Ainsi, la colère est comparable à un épais nuage qui bloque la lumière du soleil. Même notre maître Moïse, que la paix soit avec lui, n'y a pas échappé, comme l'ont déclaré les sages[101] à propos de l'incident des « *eaux de la dispute[102]* ». Parce qu'il a été amené à un état de colère qui l'a conduit à l'erreur [de frapper le rocher].

76

À quoi la colère en regard du *yétsér harâ* est-elle comparable ? À une brèche devant un voleur.

EXPLICATION – Tant que la lumière de la Sagesse illumine le corps, en opposition au *yétsér harâ*, elle est comparable à une maison aux murs solides et aux serrures fortes, qui empêchent un voleur d'entrer. Cependant, si un seul mur est fissuré, le voleur peut facilement s'introduire dans la maison. De même, tant que l'état d'esprit d'une personne est stable et équilibré et qu'elle ne se laisse pas mettre en colère par quoi que ce soit, le *yétsér harâ* n'a aucun moyen de s'immiscer et d'avoir prise sur elle. Si, en revanche, elle se met en colère, le *yétsér harâ* trouvera la brèche par laquelle il pourra pénétrer et la dominer, et l'attirera alors vers la transgression.

---

[99] Ecclésiastes 7:9.
[100] Talmud Bavli, Pesaḥim 66b.
[101] Sifri Matoth.
[102] Nombres 20:11-13. מֵי מְרִיבָה .

Car la colère est la cause de tous les conflits de violence et de meurtre, éloignant complètement un individu de la vraie foi. À ce sujet, nos sages, de mémoire bénie, ont déclaré : « *Quiconque est en colère, est comme s'il était idolâtre*[103] ».

76

> **À quoi l'impudicité est-elle comparable ? Au creusement d'une fosse.**

EXPLICATION – Il y a des activités qui ont leurs limites, tel que construire une maison ou tisser et coudre des vêtements. Plus une personne s'y consacre, plus elle est complète.

Ce n'est pas le cas pour celui qui creuse un trou dans la terre, car plus il creuse, plus la cavité est grande. L'impudicité est comparable à cela, car plus une personne augmente dans l'impudicité, la luxure et la licence, plus elle aspire et se sent privée de cela. Plus elle s'adonne à la débauche, plus le trou est grand et son œil n'est jamais satisfait.

Quelle est donc la solution pour une telle personne ? Elle doit minimiser l'obscénité et dans la mesure où elle la minimise, son esprit devient stable et satisfait. À ce sujet, nos sages, de mémoire bénie, ont déclaré : « *Il y a un petit organe dans l'humain, plus on le nourrit, plus il a faim, et plus on l'affame, plus il est satisfait*[104] ».

---

[103] Talmud Bavli, Shabbat 105b.
[104] Talmud Bavli, Sukkah 52b.

77

> **À quoi la controverse parmi les foules est-elle comparable ? À un trou dans un récipient.**

EXPLICATION – Lorsque *Yhwh*, béni soit-Il, souhaite accorder de la bonté à Son monde et envoie Ses bénédictions et Sa bonté sur lui, mais qu'il y a des controverses, des compétitions et des querelles entre Ses créatures, celles-ci sont alors comparables à un récipient percé d'un trou. Bien que du liquide puisse y être versé, il s'échappera par le trou. De la même manière, bien que les bénédictions de *Yhwh* soient accordées à Ses créatures, s'il y a des conflits et des controverses entre elles, les bénédictions s'échappent et sont perdues.

La controverse est donc comparable à un récipient troué. À ce sujet, le prophète Osée a déclaré : « *Leur cœur est double, maintenant ils vont expier*[105] ». Le même principe s'applique à une nation ou à une famille qui est divisée et en proie à la controverse et à la discorde. Dans un cas comme dans l'autre, on ne trouvera pas de bénédictions parmi eux.

78

> **À quoi la paix est-elle comparable ? À un récipient parfait.**

EXPLICATION #1 – Un récipient qui est étanche et parfait contient et protège les liquides qui s'y trouvent. De la même manière, une nation, une famille ou un foyer qui connaît la paix et la tranquillité entre ses membres est un réceptacle approprié pour les bénédictions de *Yhwh*, qui seront retenues et maintenues parmi eux. À ce sujet, nos sages, de mémoire bénie, ont déclaré : « *Le Saint, béni soit-Il, n'a pas trouvé de récipient qui puisse contenir des bénédictions pour*

---

[105] Osée 10:2.

Israël, si ce n'est la paix, comme il est dit : Yhwh bénira Sa nation par la paix[106] »[107].

Explication #2 – Lorsqu'une nation est en paix, que ses cœurs sont en accord et qu'elle n'a qu'un seul esprit, elle s'unit de bien des façons et élabore de nombreux projets pour la réussite de ses besoins et de ses efforts. De plus, les bénédictions de *Yhwh* se trouveront parmi eux.

Cependant, s'il n'y a pas de paix entre eux et que chacun nourrit de la haine pour l'autre, non seulement ils ne s'uniront pas dans un projet pour améliorer le monde et répondre aux besoins et aux efforts de la nation, mais au contraire, ils ourdiront des projets maléfiques contre leur prochain, pour l'abaisser et l'humilier, jusqu'à ce que chacun détruise l'autre.

79

> À quoi le plaisir du corps est-il comparable ? À quelqu'un qui prépare la nourriture et la subsistance d'un voleur.

Explication – Le désir et l'occupation du *yétsér harâ* sont la poursuite de la nourriture, de la boisson et de toute autre forme de plaisir physique. Lorsqu'une personne recherche le plaisir, le *yétsér harâ* est ravi et s'habitue à consommer des graisses et des huiles, devenant de plus en plus grand et fort. Elle est ainsi renforcée pour faire toutes sortes de mal, de péchés et de transgressions, et est comparée à un bandit armé qui trouve de la nourriture et de la subsistance dans un refuge sûr et y établit sa base.

C'est de là qu'elle tend ses embuscades, en volant les autres, en tuant et en pillant. Il en va de même pour le *yétsér harâ*. Lorsqu'il trouve un havre de paix confortable dans le

---

[106] Psaumes 29:11.
[107] Mishnah, Oktsin 3:12.

corps d'une personne, il y établit sa demeure et y tend ses embuscades, s'adonnant à la malhonnêteté, au vol, à l'adultère, au meurtre et à toute autre forme de convoitise et de transgression.

Cependant, si une personne s'abstient et limite les plaisirs et les délices de son corps, et qu'elle s'efforce au contraire de faire de bonnes actions dans ce monde, elle est comme une personne qui a intercepté la livraison de nourriture et de subsistance du repaire du bandit armé. Ainsi, le bandit ne peut y établir sa base d'opérations et s'en va, car il n'y trouve ni nourriture, ni subsistance, ni refuge sûr.

80

> À quoi une personne qui bâcle ses affaires par cupidité est-elle comparable ? À un cuisinier qui fait un feu trop chaud et gâche la nourriture.

EXPLICATION – Une personne avide précipite ses affaires et dépasse ses exigences. Cela entraîne des retards, voire l'échec total de l'opération. Ainsi, elle rencontre l'échec au lieu du succès.

C'est comme si un chef cuisinait un ragoût et que, dans sa hâte, il augmentait le feu au-delà de la mesure appropriée. À cause de cela, la marmite déborde et éteint le feu. À ce sujet, nos sages, de mémoire bénie, ont déclaré : « *Il y a un chemin court et long et il y a un chemin long et court*[108] ».

---

[108] Talmud Bavli, Erouvin 53b.

81

> À quoi une personne qui est patiente dans ses affaires est-elle comparable ? À un arbre qui fleurit en été.

EXPLICATION – Celui qui mène ses affaires avec patience et tranquillité, trouvera la stabilité et le succès dans ses entreprises et ses efforts. On le compare à un arbre qui ne fleurit pas en hiver, mais seulement en été. Parce qu'il est patient, la glace et le froid n'endommagent pas et n'entravent pas la production de ses fruits. Ainsi, un tel arbre produira des fruits abondants et mûrs.

82

> À quoi la nourriture pour le corps est-elle comparable ? À l'huile d'une lampe.

EXPLICATION – Lorsqu'une personne mange trop de nourriture, c'est comme si elle mettait trop d'huile dans une lampe. La flamme de la mèche est alors étouffée. A l'inverse, une personne qui ne mange pas assez est comme celle qui ne met pas assez d'huile dans la lampe, auquel cas la flamme de la mèche ne s'éclaire pas correctement. En outre, si une personne mange des aliments malsains, son corps devient gras et morbide, et elle sera sujette à diverses sortes d'affections, de faiblesses et à une perte générale de force. On peut comparer cela à une personne qui met une huile grossière et de mauvaise qualité dans sa lampe. Sa lumière sera faible et inégale. En revanche, une personne qui consomme une quantité adéquate d'aliments raffinés et sains est comparable à celle qui met de l'huile pure et raffinée dans sa lampe. Sa flamme brûlera uniformément et brillamment, et tout son entourage bénéficiera des rayons de sa lumière.

83

> À quoi une personne qui mange avant de vider ses intestins est-elle comparable ? À quelqu'un qui fait cuire son pain dans un four avant de nettoyer les charbons et les cendres de la cuisson précédente.

EXPLICATION – La nourriture qu'une personne consomme se divise en trois parties :

La première partie se transforme en sang vital et autres substances similaires, et soutient les membres et les organes du corps.

La deuxième partie est comme le liquide du petit-lait qui se sépare du fromage, et sort dans l'urine.

La troisième partie est comparable aux sédiments et à la lie du vin, et sort sous forme d'excréments.

Une fois que les membres et les organes ont reçu la portion qui se transforme en sang, une personne doit se contrôler et excréter les déchets qui restent dans son corps avant de prendre un autre repas.

Si elle ne le fait pas et mange d'abord, la nouvelle nourriture qu'elle ingère est souillée par les émanations des excréments qui restent dans son corps. Cela provoque de nombreuses et terribles maladies.

Son repas est donc comparé à la cuisson du pain dans un four qui n'a pas été débarrassé des vieux charbons et des cendres, auquel cas le pain ne cuit pas correctement et sort souillé et gâché.

En revanche, une personne qui se contrôle et enlève les déchets avant le prochain repas, est comparable à celle qui cuit son pain dans un four qui a été débarrassé des vieux charbons et des cendres. Son pain cuira correctement, comme il se doit.

84

> À quoi l'effet sur le cerveau de la consommation d'un peu de vin est-il comparable ? À un espion qui est venu dans la ville, mais les habitants de la ville en sont alertés et se méfient de lui. La consommation de beaucoup de vin est comparable à un ennemi qui est entré dans la ville et l'a conquise.

EXPLICATION – Le vin monte jusqu'au cerveau, qui est le siège de l'âme. Ainsi, il est comparable à celui qui vient faire la guerre au roi lui-même. Or, si une personne boit un peu de vin, cela est bon pour le corps et peut même l'aider. On le compare à un espion qui vient dans une ville. Les habitants de la ville ne craignent pas l'espion lui-même. Ils craignent plutôt que l'espion ne convoque l'armée ennemie pour conquérir la ville. Ainsi, lorsqu'ils réalisent qu'un espion se trouve parmi eux, ils se mobilisent pour renforcer les murs et les défenses de la ville et pour stocker des armes et des provisions dans ses entrepôts et ses forteresses. De la même manière, lorsqu'une personne boit un peu de vin, son âme sent qu'un espion est parmi elle et elle se précipite pour protéger les organes de tout dommage que le vin pourrait causer. Les organes sont ainsi correctement gardés par l'âme et tirent leur subsistance sans dommage.

Cependant, si une personne boit trop et devient ivre, le cerveau ne peut pas assurer la défense du corps, car le vin a déjà conquis l'âme. Au lieu de cela, l'ordre et le fonctionnement corrects du corps ont été bouleversés, et elle devient bestiale, jusqu'à descendre au niveau d'un sanglier. C'est analogue à une ville dont les citoyens étaient prudents lorsque l'espion est apparu. Cependant, bien qu'ils se soient empressés de sécuriser les murs et les défenses de la ville et d'assurer des provisions dans leurs forteresses et entrepôts, tout cela a été vain puisque l'armée ennemie avait déjà envahi et conquis la ville. C'est l'effet sur le cerveau lorsqu'une personne s'enivre de vin et d'alcools forts.

85

> À quoi la consommation de vin avec un estomac vide est-elle comparable ? À une ville qui a été conquise par les forces ennemies parce qu'elles n'avaient pas assez de nourriture et de provisions.

EXPLICATION – La nourriture et l'eau soutiennent le corps. Ainsi, si les réserves de nourriture et d'eau sont suffisantes, les habitants de la ville peuvent être sauvés des forces ennemies qui les assiègent. En revanche, s'ils manquent de provisions, ils n'ont d'autre choix que de se rendre à l'ennemi. De la même manière, si une personne boit du vin avec un estomac vide, cela brouillera son esprit et rendra ses pensées confuses. Cette situation est comparable à celle d'un ennemi qui a conquis la ville parce que les habitants n'avaient pas suffisamment de nourriture et de boisson et étaient trop faibles pour résister à l'assaut de l'ennemi. À ce sujet, nos Sages, de mémoire bénie, ont déclaré : « *Boire du vin à midi fait disparaître la personne du monde*[109] ».

86

> À quoi la fornication est-elle comparable ? À une personne qui porte des ordures sur ses épaules.

EXPLICATION – Une fois qu'Adam, le premier homme, a dégradé sa forme originelle en s'engageant dans des relations sexuelles par convoitise, depuis lors, chaque fois qu'une personne s'engage dans la fornication, elle est comparable au fait de porter les ordures sur ses épaules. Ceci est comparable à un roi qui, en colère contre ses serviteurs, décrète qu'ils doivent tous sortir leurs ordures sur leurs épaules.

---

[109] Mishnah Avoth 3:10.

Que font les sages ? Ils sortent leurs ordures à la faveur de la nuit. Que font les fous ? Ils sortent leurs ordures à la lumière du jour. Que font les vilains ? Ils déclarent : « *Comme c'est charmant. Nous allons même payer pour avoir le privilège de le faire* ». De la même manière, les sages ont des relations sexuelles sous le couvert de la nuit, lorsque l'intimité est totale. Les fous forniquent à la lumière du jour, quand ils peuvent être exposés. En revanche, les vilains cherchent toutes les occasions d'avoir des relations sexuelles avec luxure et licence, et s'ils ne trouvent pas de femme consentante, ils cherchent des prostituées et les paient grassement.

87

> **À quoi avoir des relations sexuelles immédiatement après avoir mangé est-il comparable ? À une personne qui pétrit sa pâte avec de la farine qui n'a pas été correctement tamisée, malaxant ainsi les grains grossiers et le son avec la farine fine.**

EXPLICATION – La semence d'une personne qui s'engage dans des relations sexuelles avant la digestion, sera extrêmement grossière. Ainsi, l'enfant issu d'une telle émission sera stupide et impulsif et n'aura pas la présence d'esprit ou la compréhension nécessaire pour distinguer le bien du mal. Il sera mal élevé, car la bonne et la mauvaise conduite seront confondues et indiscernables l'une de l'autre dans son esprit. Cela est dû au fait que la semence dont il est né a surgi, alors que la nourriture et les scories étaient encore mélangées. Cela est comparable au pain qui est cuit à partir d'une pâte qui n'a pas été correctement préparée et qui contenait un mélange de farine fine avec des céréales grossières et du son. Un tel pain sera sombre et inesthétique et ne sera pas bien reçu. Ceci est comparable à un enfant qui naît de telles relations.

88

> À quoi s'engager dans des relations sexuelles après avoir correctement digéré sa nourriture est-il comparable ? À celui qui pétrit sa pâte avec de la farine fine qui a été correctement tamisée, en enlevant tous les grains grossiers et le son.

EXPLICATION – Lorsque l'on laisse la digestion se faire, la subsistance contenue dans l'aliment se sépare de la lie. Ainsi, l'émission de semence qui suit une bonne digestion est comparable à une farine qui a été correctement tamisée, éliminant tous les grains grossiers et le son de la fine farine. Le pain cuit avec une telle farine sera délicieux et bien accueilli par tous ceux qui le consommeront.

De la sorte, l'enfant né d'une telle émission sera équilibré et agréable et sera bien accueilli par les autres. Il sera sage, intelligent et capable de distinguer la bonne et la mauvaise conduite. Car il a été formé à partir d'une émission pure et raffinée, sans scories ni son grossier. Il est ainsi comparable à de la farine raffinée. Par conséquent, un tel enfant sera agréable et bien accueilli par les autres. Ainsi, le meilleur moment pour s'engager dans des relations sexuelles est après avoir bien digéré sa nourriture et à minuit, comme mentionné précédemment.

89

> À quoi le sommeil du corps est-il comparable ? À la levure qui fermente dans la pâte, lui permettant de lever.

EXPLICATION – Si la quantité adéquate de levure est mélangée à la pâte pour lui permettre de lever correctement, le pain cuit à partir de cette pâte sera savoureux, facile à digérer et sain pour le corps. Cependant, si l'on ajoute trop, de levure, la pâte fermente trop et la levure dégrade la pâte, la rendant aussi aigre que du vinaigre et provoquant une indigestion et des maladies pour le corps.

Cela est comparable au sommeil. Si une personne dort pendant une période appropriée, cela revitalise son corps et le conserve en bonne santé. Cependant, un sommeil excessif a un effet négatif sur le corps, car une fois que le corps traite et digère la nourriture, il commence à consommer les forces du corps lui-même, comme le travail du blé dans une meule. Le sommeil est comme une meule et tant qu'il a de la nourriture à transformer, il le fait. Cependant, lorsqu'il n'y a plus de nourriture à transformer, il commence à transformer les fluides du corps lui-même qui lui donnent sa vitalité et sa force. Ainsi, les forces du corps commencent à s'affaiblir et les organes s'affaiblissent. C'est comme une pâte qui tourne et se détériore à cause d'une fermentation excessive.

Par conséquent, au lieu de revitaliser et de revigorer le corps, l'excès de sommeil a un effet contraire. Il rend une personne fatiguée et faible, ce qui conduit à la paresse. À ce sujet, le roi Salomon, la paix soit avec lui, s'est écrié et a dit : « *Paresseux, jusques à quand seras-tu couché ? Quand te lèveras-tu de ton sommeil*[110] ? » Il conseille ensuite : « *Un peu dormir, un peu sommeiller*[111] ».

90

> **À quoi la faculté de la parole humaine est-elle comparable ? À un marchand de vin qui fait de la promotion pour son vin en distribuant des échantillons afin que les gens les goûtent.**

EXPLICATION – La Sagesse et la connaissance d'une personne résident dans son cerveau, qui est semblable à un tonneau de vin scellé. Tant que le tonneau est scellé et que le

---

[110] Proverbes 6:9.
[111] Proverbes 6:10.

vin n'a pas été goûté, on ne sait pas si le vin est bon ou mauvais. De la même manière, tant qu'une personne n'a pas parlé, on ne sait pas si elle est sage ou folle. Cependant, de même qu'une fois le vin a été goûté, on sait s'il est bon ou mauvais, de même, une fois qu'une personne a parlé, on sait si elle est sage ou folle.

Or, une personne qui parle est comparable à un marchand qui fait la promotion de son vin en organisant des dégustations. Si le vin est bon et délicieux, sa renommée se répandra de bouche à oreille. Chaque personne dira à ses amis combien il est bon et délicieux et beaucoup de gens viendront l'acheter. En revanche, si le vin est gâté, le bouche-à-oreille s'en chargera également. Chaque personne conseillera à ses amis de ne pas l'acheter et les gens l'éviteront. Sache donc que toutes les choses du monde exigent d'être promues pour être connues, sauf le sage et le fou, car, dans leur cas, ils sont connus par leurs propres paroles.

91

> **À quoi quelqu'un qui parle en présence de ceux qui sont plus grands que lui est-il comparable ? À un marchand de vin qui fait la promotion pour son vin médiocre dans un endroit où le bon vin est facilement disponible.**

EXPLICATION – Tant qu'une personne reste silencieuse, elle est comparable à un marchand de vin qui possède un tonneau de vin scellé dont on ignore s'il est bon ou mauvais. Si une personne profère des perles de Sagesse (*ḥokhmah*) et de Compréhension (*binah*), il est assuré que son vin est délicieux et doux au palais. En revanche, si un crétin parle, il va de soi que son vin est aigre.

Or, même si une personne est sage, si elle parle en présence de sages dont la sagesse est bien supérieure à la sienne, ses paroles n'auront aucun poids. On peut comparer cela à un marchand de vin qui essaie de vendre son vin médiocre dans un endroit où l'on trouve facilement des vins fins et de qualité. Même si son vin n'est pas mauvais, il ne trouvera pas d'acheteurs, car il est inférieur. À ce sujet, le roi Salomon, la paix soit avec lui, a déclaré : « *Et ne te tiens pas à la place des grands*[112] ».

92

> **À quoi le discours d'un sage est-il comparable ? À une source d'eau vive qui satisfait les besoins d'une ville entière.**

EXPLICATION – Une source d'eau vive peut subvenir aux besoins de toute une ville, fournissant aux habitants de l'eau pour boire, cuisiner, se baigner, se laver et autres besoins importants. Tant que la source coule, les habitants de la ville peuvent y vivre et être en être abreuvés. Cependant, si la source se tarit, la ville entière sera sinistrée et abandonnée, car une source d'eau est ce qui permet aux gens d'y habiter.

De même, tant qu'un sage parle aux habitants de sa cité, ceux-ci en retirent de la sagesse, de bons conseils, de beaux traits de caractère et de bonnes actions. Si, en revanche, le sage cesse d'apporter sagesse et conseils aux gens, c'est comme s'il les détruisait. Ceci est comparable à une source qui s'est tarie, entraînant la destruction d'une ville entière. À ce sujet, le roi Salomon, paix sur lui, a déclaré dans sa grande sagesse : « *Et la source de la sagesse est une fontaine qui jaillit*[113] ».

---

[112] Proverbes 25:6.
[113] Proverbes 18:4.

93

> **À quoi le bavardage excessif est-il comparable ? À un rêve.**

EXPLICATION – De même qu'il est impossible de faire un rêve qui ne soit pas tissé de folies et de vains bavardages, de même, il est impossible de parler abondamment sans trébucher dans l'erreur. À ce sujet, le roi Salomon s'est écrié et a déclaré : « *Le rêve vient de la foule des soucis et la voix du fou de trop de paroles[114]* ». Ne pense pas que ce verset ne parle que des fous, et non des sages, car ailleurs il explique et déclare : « *Abondance de paroles ne va pas sans offense* ». De même, nos sages, de mémoire bénie, ont énoncé le principe important suivant qui s'applique à tous les humains : « *Celui qui se laisse aller à de nombreuses paroles entraîne le péché[115]* ».

94

> **À quoi le silence d'un imbécile est-il comparable ? À quelqu'un dissimule son défaut.**

EXPLICATION – Si une personne est imbécile, il est impossible que les mots qu'elle prononce soient prononcés correctement, sans erreur. Ainsi, lorsqu'elle parle, elle révèle sa déficience, c'est-à-dire son manque de connaissances, qui était auparavant dissimulé. En revanche, si elle se tait, son défaut reste caché et ne sera pas rendu public. À ce sujet, le roi Salomon, la paix soit avec lui, a déclaré : « *Même l'imbécile, quand il se tait, passe pour sage* ». De même, nos sages, de mémoire bénie, ont déclaré : « *Je n'ai rien trouvé de mieux pour une personne que le silence[116]* ».

---

[114] Ecclésiaste 5:2.
[115] Mishnah Avoth 1:17.
[116] Mishnah Avoth 1:17.

95

> À quoi le silence des sages est-il comparable ? À une personne qui possède un puits d'eau vive mais laisse les habitants de sa ville mourir de soif.

EXPLICATION – Les paroles du sage donnent la vie, la perfection et le succès à tous ceux qui écoutent ses paroles. Elles sont comparables aux eaux qui sont nécessaires à de nombreux besoins, tels que boire, se laver, lessiver, etc. De même, les paroles des sages vivifient les humains, rectifient les traits de leur corps et nourrissent leur âme de sagesse et de succès. Cependant, si, par fausse humilité, un sage s'abstient de conseiller les gens et que par suite de cela, ils subissent la destruction et la perte, la culpabilité est suspendue à son cou, et on considère qu'il a causé perte et dommage. Cela est donc comparable à une personne qui possède une source d'eau vive sur son domaine, mais qui laisse ses voisins mourir de soif.

C'est comme s'il les avait tués de ses propres mains. À ce sujet, le roi Salomon, la paix soit avec lui, a déclaré : « *Celui qui retient le blé est maudit du peuple, mais la bénédiction est sur la tête de celui qui le ravitaille*[117] ».

96

> À quoi la joie et la tristesse sont-elles comparables ? Au jour et à la nuit.

EXPLICATION – De même que le jour illumine les yeux, de même la joie illumine le corps. De même que la nuit obscurcit les yeux, de même la tristesse obscurcit le corps. Or, de même qu'il est impossible qu'il y ait un jour sans nuit, de même il est impossible qu'il y ait une joie sans tristesse.

---

[117] Proverbes 11:26.

De même que le jour suit la nuit et la nuit le jour, de même la tristesse suit la joie et la joie la tristesse.

Ainsi, si quelqu'un reçoit une nouvelle joyeuse, il doit savoir que la tristesse est à portée de main. De même, si une personne est triste, elle doit savoir que la joie est à proximité. À ce sujet, le roi Salomon, que la paix soit avec lui, a déclaré dans sa grande sagesse : « *Même sous le rire, le cœur est en peine, après la joie, la tristesse[118]* ». De plus, il a déclaré : « *Dans toute tristesse il y a un profit* ».

97

> **À quoi la charité est-elle comparable ? À la tétée du lait.**

EXPLICATION – Lorsqu'un nourrisson tète, il attire le lait vers les seins et augmente la production de lait. Cependant, lorsque l'enfant est sevré et ne tète plus, le lait cesse de couler des seins. De la même manière, lorsqu'une personne fait la charité aux pauvres, elle fait en sorte que davantage de bénédictions coulent sur elle depuis les cieux. À ce sujet, le roi Salomon, que la paix soit avec lui, a déclaré : « *Tu lui donneras libéralement, et ton cœur ne sera pas triste quand tu lui donneras. Car à cause de cela Yhwh, ton Dieu, te bénira dans toute ton œuvre[119]* ». Si, cependant, une personne cesse de faire la charité et des dons aux pauvres, les bénédictions cessent de couler sur elle de l'En Haut. À ce sujet, le roi Salomon poursuit et dit : « *Tel amasse sans mesure et ne fait que s'appauvrir[120]* ».

Nos sages, de mémoire bénie, ont raconté l'histoire d'un homme : « *qui avait un champ qui produisait mille kor de céréales par an. Ainsi, chaque année, il payait la dîme de cent kor.*

---

[118] Proverbes 14:13.
[119] Deutéronome 15:10.
[120] Proverbes 11:2.

Avant de décéder, il ordonna à son fils de ne pas diminuer la dîme annuelle, même d'un iota. Le fils, cependant, se dit : « Il suffit que je ne donne que quatre-vingt-dix kor ». L'année suivante, son champ ne produisit que neuf cents kor. Mais, comme il était avare, il se dit à nouveau : « Il suffit que je donne seulement quatre-vingts kor ». L'année suivante, son champ ne produisit que huit cents kor. Il persista de cette manière chaque année et, correspondant à la diminution de sa dîme et de ses dons de charité, la production de son champ continua à diminuer, jusqu'à ce que, finalement, son champ ne produise que cent kor, exactement le montant que son père avait dîmé à l'origine[121] ».

98

À quoi la misère est-elle comparable ? À la terre.

EXPLICATION – Une personne avare, qui voit d'un mauvais œil l'acte de charité ou de cadeaux aux pauvres, est, par nature, dominée par l'élément terre. Lorsque quelqu'un prend une quantité quelconque de terre dans le sol, il laisse inévitablement une dépression dans le sol, là où la terre manque. De la même manière, lorsqu'un avare est contraint de consacrer une partie de son bien à la charité, cela crée immédiatement un sentiment de perte dans son cœur. Cette attitude l'empêche de faire toute sorte de dons charitables. Nos sages, de mémoire bénie, ont parlé d'un certain type de ver qui tire toute sa subsistance de la consommation de terre, mais qui a peur de trop manger, de peur que toute la terre du monde soit consommée et qu'il meure de faim. Cela se produit parce que chaque fois qu'il mange, il remarque qu'une dépression se forme dans la terre.

Lorsqu'un avare fait la charité, il éprouve le même sentiment de perte dans son cœur. Même s'il possède d'immenses richesses, il est incapable de manger et de boire

---

[121] Midrash Tanḥoumah, Reéh; Tosefoth Taanit 9a.

à sa satisfaction, et encore moins de donner une partie de ses biens. Cependant, dans la mort, toutes les richesses qu'il a amassées iront fatalement à d'autres. À ce sujet, le roi Salomon s'est écrié et a dit : « *C'est qu'il y a tel homme à qui l'Élohim donne des richesses, des biens et des honneurs, et qui ne manque pour son âme de rien de ce qu'il peut souhaiter. Mais l'Élohim ne le laisse pas maître d'en manger, car un étranger le mangera. Cela est une vanité et un mal fâcheux*[122] ». Une telle personne est comparable au serpent, au sujet duquel il est dit : « *Tu mangeras de la poussière tous les jours de ta vie*[123] ». Une telle personne ne veut jamais faire un quelconque don ou une quelconque charité à une créature du monde.

99

À quoi celui qui fait la charité et le regrette ensuite est-il comparable ? À de l'eau.

EXPLICATION – La nature d'une personne qui fait la charité quand on le lui demande, mais qui le regrette ensuite et en est peinée, est dominée par l'élément eau. C'est-à-dire qu'elle n'a pas eu de sentiment de perte au moment où elle l'a donnée, mais seulement après.

Cette situation est comparable à une personne qui possède un tonneau d'eau et qui le vide avec une cruche. La perte d'eau n'est pas immédiatement apparente et le tonneau n'a pas de fuite, mais lorsqu'elle prend du recul, elle remarque le manque car le niveau de l'eau a baissé. Il en va de même pour une personne qui fait la charité et qui la regrette ensuite. Au moment où elle donne, elle ne ressent pas la perte, mais après, elle le regrette.

---

[122] Ecclésiaste 6:2.
[123] Genèse 3:14.

100

> À quoi une personne généreuse est-elle comparable ? À l'air.

EXPLICATION – Lorsqu'on demande à une personne généreuse de faire la charité, bien qu'il y ait une perte immédiate lorsqu'elle donne, cela ne l'empêche pas du tout de donner. Le désir de son cœur reste le même après avoir donné, tout comme il l'était au moment où elle a donné. De plus, elle ne ressent pas une grande perte, mais seulement une légère perte supportable. On peut comparer cela à quelqu'un qui gonfle un flotteur avec de l'air. Si une petite quantité d'air est libérée, la perte n'est pas ressentie à un endroit précis du flotteur. Au contraire, le flotteur reste gonflé de la même manière partout. Ce n'est pas le cas lorsqu'il y a une perte d'eau ou de terre, qui est immédiatement apparente.

101

> À quoi la qualité de gouvernance est-elle comparable ? Au feu.

EXPLICATION – Par nature, le feu s'élève et domine toutes choses. De la même manière, les gouvernants s'élèvent au-dessus de la nation qu'ils dirigent. De même que le feu doit s'emparer du bois ou d'un autre combustible – ce n'est qu'alors qu'il peut être utile – de même, les gouvernants exigent des taxes et des tributs de leurs sujets pour établir le royaume et maintenir une armée pour la sécurité de ses sujets. Lorsque le peuple craint le gouvernement, le royaume est établi. Or, de même que lorsque le combustible est consumé, le feu s'éteint, de même, si un gouvernement manque d'argent et de biens, il devient faible et peut être facilement renversé. À ce sujet, le roi

Salomon a déclaré dans sa grande sagesse : « *À patrie décadente, gouvernement brisé*[124] ».

En outre, tout comme le feu s'enflamme et s'illumine lorsqu'il est attisé, il en va de même pour le pouvoir. Tant qu'il est alimenté par des taxes et des revenus, il est fort et influent. De même que le feu peut être utile ou destructeur, de même, le gouvernement est parfois bienveillant et soutient le peuple, mais parfois il détruit et punit ceux qui s'y opposent.

En outre, tout comme le feu ne peut être manipulé qu'avec des outils solides en cuivre ou en fer, il en va de même pour la gouvernance. Tout le monde n'est pas apte à servir dans un gouvernement, seuls les gens honnêtes, talentueux et accomplis, qui possèdent la sagesse et peuvent donner des conseils judicieux, peuvent servir correctement le roi et travailler pour répondre aux besoins de la nation. De plus, leur cœur doit être fort pour résister aux défis de la gouvernance et pour se tenir debout et rendre des comptes devant le roi.

De même que le feu consume rapidement la paille et l'ivraie, de même, si des mécréants sans scrupules abusent du pouvoir de leur fonction, leur pouvoir ne durera pas longtemps et ils seront rapidement démis et évincés pour leurs manigances et leurs trahisons.

Tel un feu qui s'empare de broussailles sèches et s'enflamme, mais se dissipe rapidement et s'éteint, de même, si le royaume entre en guerre avec des soldats indisciplinés, bien qu'au début ils fassent beaucoup de bruit, néanmoins, lorsqu'ils sont dans le feu de l'action, ils abandonnent rapidement leurs positions et fuient les attaques de l'ennemi.

En revanche, de même que lorsqu'un feu est allumé avec de grosses bûches de bois, il brûle régulièrement et

---

[124] Proverbes 14:28.

longuement, ainsi, lorsque le royaume s'engage dans une guerre avec des guerriers puissants et disciplinés, ils surmontent l'ennemi et résistent à toutes les difficultés de la bataille, jusqu'à ce qu'ils dominent et sortent victorieux à la guerre.

102

> **À quoi, celui qui demande la charité à un avare est-il comparable ? À quelqu'un qui mord une pierre de silex.**

EXPLICATION – Toute personne qui demande la charité à un avare ne recevra que honte, gêne et humiliation. Ceci est comparable à une personne qui mord dans un silex. Elle n'en tirera aucun bénéfice et ne fera que se casser ou se noircir les dents. Car un avare est aussi dur qu'une pierre et ne cédera rien de ses richesses, à tel point qu'il n'offrira même pas un mot gentil, mais répondra plutôt par l'injure et la dérision à quiconque lui demande.

103

> **À quoi une personne qui demande la charité à une personne généreuse et bienveillante est-elle comparable ? À un veau qui tète le lait d'une vache.**

EXPLICATION – La nature du généreux est de donner, tout comme il est de la nature de l'air de s'échapper d'un ballon gonflé, même si l'embouchure du ballon se trouve au bas. De même, avant de demander la charité à un généreux bienfaiteur, celui-ci est attristé. Cette situation est semblable à celle d'une vache à lait. C'est-à-dire que, tant qu'elle n'est pas traite et que le lait reste dans ses mamelles, elle est très peinée, plus que tout autre être vivant. Lorsque le veau tète le lait de ses mamelles, elle en retire beaucoup de plaisir. En revanche, si elle n'est pas traite et que le lait reste dans ses mamelles, elle peut être très attristée, voire encorner les animaux qui se trouvent à proximité en raison de sa grande douleur. Cependant, lorsqu'elle est finalement traite, elle se détend et apprécie énormément la traite. À ce sujet, nos sages, de mémoire bénie, ont déclaré : « *Plus que le veau ne souhaite téter, la vache souhaite allaiter*[125] ».

104

À quoi les réprimandes sont-elles comparables ? Au blanchiment d'un vêtement.

EXPLICATION – Lorsqu'un vêtement est taché et souillé, il doit être trempé dans un mélange d'eau et de détergents puissants qui extraient la saleté qu'il contient. Il est trempé dans cette solution, puis battu sur une pierre et frotté. Ainsi, la saleté est séparée du vêtement et celui-ci devient frais et propre. De la même manière, celui qui réprimande son compagnon doit lui rappeler ses péchés et ses transgressions, en l'effrayant par diverses réprimandes et châtiments. Grâce à cela, il est blanchi et abandonne ses péchés et son mauvais comportement et en s'en séparant, il devient propre et pur.

105

À quoi celui qui réprimande un sage est-il comparable ? À un médecin.

EXPLICATION – Lorsqu'un médecin prescrit un médicament amer à un patient qui a de l'intelligence, ce dernier se réjouit et prend le médicament, même s'il est amer, car il comprend qu'il lui est bénéfique et qu'il le

---

[125] Talmud Bavli, Pesaḥim 112a.

guérira. Il en va de même pour un sage qui réprimande son collègue. Il dit à son ami : « *Sache que j'ai vu chez toi tel ou tel caractère négatif qui ne sied pas à une personne de ta stature. Tu devrais renoncer à ce comportement et faire telle et telle chose à la place, ce qui te permettra de te rectifier* ». S'il est sage, il acceptera la réprimande avec joie et suivra le conseil, car il comprendra que c'est pour son bien. Il louera même celui qui l'a réprimandé et le considérera comme s'il lui avait fait une grande faveur. À ce sujet, le roi Salomon a déclaré dans sa grande sagesse : « *Réprimande un sage, et il t'aimera[126]* » et : « *Mais pour ceux qui réprimandent, c'est bien, et la bénédiction vient sur eux pour leur bonheur[127]* ».

106

> **À quoi celui qui réprimande un ricaneur est-il comparable ? À une personne qui creuse et laboure sur un tas de fumier.**

EXPLICATION – Si quelqu'un réprimande des ricaneurs, plus il les réprimande, plus ils se moquent et l'admonestent en retour. Ils ajoutent un péché à leur iniquité en parlant mal de lui, en répandant les calomnies et les ragots de tous ceux qu'ils rencontrent. C'est comme une personne qui creuse et laboure dans un tas d'excréments. Plus il creuse et retourne les excréments, plus la puanteur des excréments se répand dans toutes les directions.

De plus, il a beau creuser et labourer, les excréments restent des excréments et ne diminuent pas. Il en va de même pour celui qui châtie le ricaneur. Il lui dit : « *Tu as fait tel acte méprisable, tu as commis tel péché grave, tu as péché contre untel ou untel* ». Même s'il rappelle au ricaneur tous ses péchés et ses méfaits, le ricaneur ne s'en sépare pas, mais persiste dans sa méchanceté.

---

[126] Proverbes 9:8.
[127] Proverbes 24:25.

Ainsi, il est comparable à une personne qui creuse et retourne les excréments d'un tas de fumier. Tout ce qu'il obtient, c'est que la puanteur se répande, alors que les excréments restent à leur place. De plus, il est lui-même souillé par la honte et la puanteur. En agissant ainsi, il acquiert un ennemi à vie qui le haïra et le méprisera à jamais, car le ricaneur déteste toute réprimande, tout châtiment ou toute critique. À ce sujet, le roi Salomon a déclaré : « *Ne réprimande pas le moqueur, de peur qu'il ne te haïsse[128]* ».

107

> À quoi l'autorité est-elle comparable ? À une personne que le roi a élevée à un poste élevé, mais qui ne sait pas pourquoi.

EXPLICATION – Lorsqu'une personne accède à une position de grandeur et d'autorité, cela peut être pour le bien ou pour le mal. Comment cela peut-il être pour le bien ? C'est analogue à un roi qui avait un serviteur fidèle, surveillant d'un petit village. Le roi a vu que son service était excellent et qu'il était extrêmement digne de confiance. Le roi s'est donc dit qu'il ne convenait pas qu'une personne aussi digne de confiance soit le surveillant d'un endroit aussi petit et insignifiant. Il le nomma donc surveillant d'une grande forteresse de montagne dont les habitants étaient grands, importants et puissants, afin qu'il la protège de tous les ennemis.

Comment cela peut-il être pour le mal ? C'est comparable à un roi qui était en colère contre quelqu'un qui l'avait trahi. En raison de sa grande colère, il était indécis quant à la pire forme de mort pour l'exécuter. Après mûre réflexion, le roi ordonna qu'on l'emmène sur une montagne très haute et escarpée et qu'on le pousse du haut de la falaise,

---

128 Proverbes 9:8.

afin qu'il soit complètement écrasé et brisé par la chute, car plus la montagne est haute, plus l'impact de la chute est important. De la même manière, il y a ceux qui ont mis en colère *Yhwh*, béni soit-Il, à un tel degré que leur jugement doit être détruit par leur élévation. Ceci est comparable au serpent dont la destruction fut proportionnelle à sa grandeur, comme il est dit : « *Le serpent était plus rusé que toutes les bêtes des champs*[129] », et en ce qui concerne la malédiction qu'il a reçue, il est dit : « *tu seras maudit entre toutes les bêtes et entre toutes les bêtes des champs*[130] ». De même, le roi Salomon s'est écrié et a dit : « *Les richesses sont amassées par leur propriétaire pour son malheur*[131] ». C'est-à-dire que plus on s'élève, plus la chute est grande.

108

À quoi la relation entre le représentant public et les masses est-elle comparable ? À la relation entre les membres du corps et l'âme.

EXPLICATION – L'âme est l'aspect premier de l'humain et tous ses membres et organes lui sont secondaires. Ainsi, quoi que fassent les membres, en bien ou en mal, c'est l'âme qui est blâmée pour tout. Il en va de même pour le représentant public. Tout ce que les masses font, en bien ou en mal, lui est imputé et il en est tenu pour responsable.

Cela est comparable à la bouche qui formule des mots négatifs ou des malédictions. Personne ne blâme la bouche pour avoir formulé ces mots, mais plutôt celui qui les a prononcés. De même, si les mains d'une personne accomplissent un acte louable ou un acte répréhensible, nous ne louons ni ne blâmons les mains pour l'avoir fait, mais plutôt la personne pour l'avoir fait. Il en va de même

---

[129] Genèse 3:1.

[130]

[131] Ecclésiaste 5:12.

pour les actes de tous les autres membres, qu'ils soient bons ou mauvais, ils sont tous rattachés à l'âme, qui est l'aspect premier de la personne. La relation entre le représentant public et les masses est comparable à cela. S'il y a des péchés et des méfaits parmi le peuple, c'est le représentant public qui en porte la responsabilité, car il est premier, tout comme l'âme est première. C'est à ce sujet que nos sages, de mémoire bénie, ont déclaré : « *La maison de l'Exilarque a été appréhendée pour les péchés du public[132]* ». Et ils ont poursuivi en disant : « *Quiconque est capable de protester efficacement contre une conduite pécheresse et ne le fait pas, est lui-même appréhendé pour les péchés* ».

Ceci est comparable à l'âme, qui est capable d'exercer une domination sur la conduite du corps, mais qui ne le fait pas. Ainsi, lorsqu'une personne pèche avec un de ses membres, en commettant un meurtre, un adultère ou autre, c'est tout son être qui est frappé, corps et âme. De la même manière, si un membre d'une communauté pèche et que le représentant public, qui avait la possibilité de protester, ne le fait pas, le pécheur et le représentant public sont tous deux coupables et tous deux sont punis.

109

> **À quoi, lorsque le corps et l'âme sont jugés à cause du péché, sont-ils comparables ? À un aveugle et un boiteux à qui le roi a confié la responsabilité d'un verger, mais qui ont failli et ne l'ont pas préservé correctement.**

EXPLICATION – Lorsque *Yhwh*, béni soit-Il, provoque le jugement, l'âme déclare : « *Ce n'est pas moi qui ai failli. C'est le corps, qui possède un mauvais penchant qui le fait pécher* ». En revanche, le corps déclare : « *Sans l'âme, je n'aurais pas pu*

---

pécher, car un corps sans âme est aussi inerte qu'une pierre inanimée. Sans l'âme qui me fait bouger, je ne peux pas faire le moindre mouvement ».

Les deux sont comparables à un aveugle et un boiteux que le roi chargea de surveiller son verger, mais ils transgressèrent et mangèrent de ses fruits.

Lorsque le roi les amena devant le tribunal, l'aveugle dit : « *Je n'aurais pas pu en manger, car je ne voyais pas où ils étaient* », et le boiteux dit : « *Je n'aurais pas pu en manger, car je ne pouvais pas aller là où ils étaient* ».

Qu'a fait le roi ? Il mit le boiteux sur les épaules de l'aveugle et dit : « *Vous vous êtes associés tous les deux pour transgresser ma volonté, car vous avez fourni les yeux et vous avez fourni les jambes et vous avez tous les deux mangé des fruits. C'est pourquoi vous serez punis ensemble* ».

De la même manière, *Yhwh*, béni soit-Il, a uni l'âme au corps et les a avertis que s'ils péchaient devant Lui, ils seraient considérés comme associés.

À ce sujet, un psaume déclare « *Il appelle vers les cieux en haut et vers la terre, pour juger son peuple* ».

Les mots « *Il appelle vers les cieux en haut* » font référence à l'âme, car nous observons que la *guimatria* de « les cieux » (*hashamayim* [הַשָּׁמַיִם]) est égale celle de « âme » (*neshamah* [נְשָׁמָה][133]).

Les mots « *et vers à la terre* » font référence au corps, qui a été pris de la terre. Nous voyons donc que l'âme et le corps sont amenés comme un seul être en jugement devant *Yhwh*.

---

[133] Les deux partagent la valeur numérique 395.

110

> À quoi le chemin de la vie est-il comparable ? À une ville riche remplie de toutes sortes de bienfaits, mais le seul moyen d'y parvenir est de traverser de hautes montagnes et de vastes déserts fréquentés par de nombreux brigands et voleurs de grand chemin.

EXPLICATION – Lorsqu'une personne accomplit les commandements de *Yhwh* et se livre à de bonnes actions, elle hérite de la vie éternelle dans un monde de richesse, d'honneur et de toutes sortes de bontés merveilleuses. Cependant, le seul moyen pour elle d'y parvenir est de traverser de grandes difficultés et de grandes souffrances. Les diverses tribulations qu'elle doit traverser sont comparables aux hautes montagnes et aux déserts qu'elle doit traverser pour mériter d'atteindre le Monde de la vie éternelle.

C'est comparable à une ville opulente, remplie de toutes sortes de biens en abondance et dont les habitants sont de grands marchands et hommes d'affaires qui traitent de nombreux types de marchandises. Les chemins qui mènent à la ville passent par de grandes montagnes et des déserts desséchés. De plus, en raison de l'abondance des marchandises apportées à la ville et en provenance de celle-ci, les routes sont peuplées de quantité de voleurs et de brigands aux aguets prêts à tendre une embuscade aux marchands et dérober leurs fonds et leurs biens.

Le chemin vers le Monde de la vie éternelle est comparable à cela. C'est un monde de bonté absolue, un monde de richesse véritable et éternelle. Les voleurs de grand chemin sont les divers troubles, épreuves, tribulations, anges accusateurs et mauvais penchants qui tentent d'empêcher une personne de réaliser son désir de faire de bonnes actions dans ce monde. C'est pourquoi nous constatons que lorsqu'une personne souhaite accomplir les commandements de *Yhwh* et faire le bien, elle est confrontée à toutes sortes de difficultés et de défis qui l'empêchent de le faire.

C'est le chemin que les justes empruntent dans ce monde, en ce sens qu'ils sont confrontés à de nombreuses épreuves et tribulations lorsqu'ils viennent accomplir les commandements et se livrer à de bonnes actions. C'est notamment parce que leur marchandise est un bien précieux et que leur richesse est abondante. Néanmoins, ils traversent de nombreuses hautes montagnes et des déserts secs. Et bien que des brigands tentent de les voler, s'ils restent inébranlables, ils n'y parviennent pas.

111

> À quoi la voie de la mort est-elle comparable ? À un chasseur qui laisse de la nourriture aux animaux et aux oiseaux, mais uniquement pour les inciter à s'y rassembler afin qu'il puisse les chasser.

EXPLICATION – Lorsqu'une personne en vient à commettre des actes répréhensibles, elle ne rencontre aucune entrave ou obstacle qui l'en empêche. Au contraire, elle ne trouve que douceur et volupté. C'est parce que le chasseur, qui est le *yétsér harâ*, leurre l'esprit humain et aplanit pour lui le chemin du péché, en le convainquant de transgresser par des pensées et des paroles douces et délicieuses. C'est ainsi qu'il séduit une personne, jusqu'à ce qu'elle soit prise au piège dans son filet.

Cela est comparable à un chasseur qui veut chasser divers animaux et oiseaux. Il jette son filet et y place toutes sortes de nourriture, pour chaque animal selon ce qu'il aime manger. Lorsqu'ils se rassemblent pour manger la nourriture, il remonte le filet et les capture. Le même principe s'applique à une personne qui s'apprête à transgresser. Les divers anges accusateurs destructeurs lui facilitent le chemin et l'incitent à goûter à sa douceur, jusqu'à ce qu'elle en vienne à transgresser. Une fois qu'elle a transgressé, elle est prise dans leur filet, alors, ils l'emmènent pour être détruite dans la Fosse de la destruction. C'est à ce sujet que le roi Salomon s'est écrié et a déclaré : « *Pour te sauver de la femme étrangère, de l'étrangère qui use de paroles flatteuses[134]* », « *car sa maison incline vers la mort[135]* » « *et tous ceux qui viennent à elle ne reviennent pas[136]* ». Il continue ensuite : « *Il la suit sans se douter de rien[137]* », « *jusqu'à ce que la flèche lui fende le foie[138]* », « *Il y a une voie qui semble juste à l'homme, mais à la fin, c'est la voie de la mort[139]* ».

112

À quoi le conseil est-il comparable ? Aux fondations d'un bâtiment.

EXPLICATION – Lorsqu'un bâtisseur souhaite édifier un bâtiment, il doit d'abord creuser un endroit pour les fondations, afin de pouvoir bâtir sur un socle où il y a de la terre solide. De la même manière, une personne qui cherche conseil doit creuser jusqu'à ce qu'elle se fonde sur des principes solides et sains. De même que les fondations doivent être faites de blocs de pierres larges et solides, de même, une personne qui cherche conseil doit le faire auprès de personnes éminentes et sages, capables de creuser dans les profondeurs de la question et de la placer sur la bonne et vraie voie.

De plus, tout comme les fondations doivent être suffisamment solides pour supporter tout le poids de l'édifice, de même, celui qui augmente sa recherche de

---

[134] Proverbes 2:16.
[135] Proverbes 2:18.
[136] Proverbes 2:19.
[137] Proverbes 7:22.
[138] Proverbes 7:23.
[139] Proverbes 14:12.

conseils ne fait que renforcer et perfectionner ses fondations. Ainsi, le roi Salomon a déclaré dans sa grande sagesse : « *Le salut est dans la multitude des conseillers[140]* ». De même qu'une personne qui souhaite construire une structure magnifique doit demander conseil à des architectes experts qui savent construire correctement les fondations, de même, lorsqu'une personne souhaite faire de grandes choses, elle doit prendre conseil auprès d'experts capables. Par conséquent, elle prendra conseil auprès de *Yhwh*, béni soit-Il, car Il est le plus grand et le plus parfait des conseillers. À ce sujet, il est dit : « *Les pensées, dans le cœur de l'homme sont multiples, mais c'est le conseil de Yhwh qui se réalise[141]* ».

113

À quoi un secret est-il comparable ? À un ballon gonflé.

EXPLICATION – Si une personne gonfle un ballon et le scelle bien, l'air reste à l'intérieur sans s'échapper. Le même principe s'applique à une personne qui doit garder un secret qui lui a été confié. Elle le garde bien, en veillant à ne pas le révéler. Cependant, si elle perce le ballon, même avec la plus fine aiguille et y fait un minuscule trou, assurément, tout l'air s'en échappera.

Ainsi, même si une personne révèle la plus petite partie d'un secret qui lui a été confié, par une petite allusion, il en résultera que tout sera finalement révélé. De même que celui qui a fait un trou dans le ballon a libéré tout l'air, révéler le secret d'une autre personne est comparable à lui asséner un coup fatal, car c'est comme si on prenait son esprit et qu'on la tuait, Dieu garde !

---

[140] Proverbes 11:14.
[141] Proverbes 19:21.

114

À quoi l'activité physique est-elle comparable ? À un berger qui chasse un loup de son troupeau.

EXPLICATION – Lorsque *Yhwh*, béni soit-Il, créa le monde, Il créa l'Adam droit afin qu'il puisse servir *Yhwh*, béni soit-Il. Cependant, l'humain a péché en abandonnant le service de *Yhwh* et en le remplaçant par le péché et l'idolâtrie.

C'est pourquoi *Yhwh*, béni soit-Il, a décrété que l'humain devait travailler dur et péniblement, et lui a dit : « *À la sueur de tes narines, tu mangeras du pain*[142] ». Cependant, tout ceci est fait pour qu'en s'occupant de son travail, il oublie de pécher et de poursuivre des désirs mauvais.

Or, *Yhwh*, béni soit-Il, a décrété deux formes différentes de travail et de labeur pour l'humain, par lesquelles il oubliera de pécher. Il s'agit du travail pour acquérir la sagesse et du travail physique. Ainsi, nos Sages, de mémoire bénie, ont déclaré avec justesse : « *L'étude de la Torah est excellente lorsqu'elle est combinée à une activité physique, car le labeur des deux empêche le péché d'entrer dans l'esprit de l'homme*[143] ».

Nous constatons donc que celui qui s'adonne à la fois à la sagesse et à une activité physique, annule les mauvaises pensées du *yétsér harâ* et le chasse. Il est alors comparable à un berger qui sauve son cheptel et ses biens en chassant le loup de son troupeau.

---

[142] Genèse 3:19.
[143] Mishnah Avoth 2:2.

115

> À quoi l'inactivité physique est-elle comparable ? À un champ non labouré qui reste en jachère et improductif.

EXPLICATION – Un champ qui n'est pas labouré, travaillé et semé, ne produira certainement pas de récolte, mais sera au contraire envahi par les mauvaises herbes, les chardons et les broussailles. Une personne oisive est comparable à cela. Non seulement elle ne sera pas productive, mais son *yétsér harâ* lui fera penser à de mauvaises choses et plantera de mauvais plans dans son cœur, la conduisant à de graves crimes et péchés.

Ceci est comparable à la croissance des mauvaises herbes, des chardons et des broussailles dans un champ désœuvré, car son *yétsér harâ* implantera des projets de vol, de larcin et de meurtre dans son cœur et l'entraînera dans une spirale descendante. À ce sujet, nos sages, de mémoire bénie, ont déclaré : « *L'oisiveté mène à l'ennui, à l'idiotie et à la licence*[144] ».

116

> À quoi le langage grossier est-il comparable ? À un gobelet qui a été fait pour boire, mais qui à la place a été utilisé comme urinoir.

EXPLICATION – Lorsque *Yhwh*, béni soit-Il, créa les deux cent quarante-huit membres humains, il donna à chaque membre une fonction appropriée. Il créa les yeux pour voir, les oreilles pour entendre, les mains pour effectuer toutes sortes de travaux, les pieds pour se déplacer et les organes inférieurs pour purger le corps de ses scories et le nettoyer. Cependant, Il a donné à la bouche, une fonction très élevée,

---

[144] Talmud Bavli, Ketouvoth 59b

au-dessus des autres organes du corps. En effet, la langue est comparable à un roi assis sur son trône. C'est-à-dire que la bouche et la langue ont été créées pour louer, glorifier et embellir le Saint, béni soit-Il, et pour enseigner sa grandeur et les merveilles de ses œuvres. Elle a été créée pour juger avec justice et droiture et pour enseigner le service de *Yhwh*, béni soit-Il.

Ceci est comparable à un beau gobelet en or qui a été fabriqué par un maître orfèvre pour l'usage du roi. Il doit donc être maintenu parfaitement pur et propre et ne doit pas entrer en contact avec une quelconque souillure. Si, cependant, quelqu'un y a uriné ou l'a souillé avec ses excréments, il n'est plus bon pour boire, car il est devenu répugnant. De la même manière, la langue a été créée pour louer le Créateur du monde et pour être utilisée pour la prière, pour apprendre et enseigner les voies de *Yhwh*, ainsi que pour un jugement juste. Cependant, si une personne la souille avec un langage grossier, c'est comme si elle l'avait transformée en un seau d'excréments. Comment pourra-t-elle alors l'utiliser plus tard pour prier, mentionner le nom de *Yhwh*, ou toute autre chose sainte, car elle l'a déjà transformé en seau d'excréments. Le roi Salomon s'est donc écrié et a dit : « *La bouche des idolâtres est une fosse profonde, celui contre qui Yhwh est irrité y tombera*[145] ».

118

À quoi les mérites et les bonnes actions, par rapport à leur récompense, sont-ils comparables ? Aux plantes et aux arbres.

EXPLICATION – Il y a ceux qui font de bonnes actions, mais une fois que *Yhwh*, béni soit-Il, les récompense, ces actions sont oubliées. Ceci est comparable à un agriculteur

---

[145] Proverbes 22:14.

qui plante différentes sortes de céréales et autres. Une fois qu'il les a récoltées, il en rapporte les bénéfices et le principal dans sa maison. Ainsi, tout ce qu'il a planté à l'origine et tout ce qui a poussé et grandi a été récolté et rassemblé dans sa maison. Il ne peut pas récolter une seconde fois tant qu'il ne plante pas à nouveau son champ. Il en va de même pour l'accomplissement des commandements de *Yhwh* dans ce Monde-ci, il faut les accomplir continuellement et plusieurs fois, car peut-être a-t-il déjà récolté la récompense de ses premiers actes et il n'en reste rien pour le Monde-à-Venir.

Cependant, il y a d'autres mérites et bonnes actions qui sont beaucoup plus grands et plus forts. C'est-à-dire que, même si *Yhwh*, béni soit-Il, les a déjà récompensés, néanmoins, ses actes sont si grands qu'ils restent en place et sont établis pour toujours. Ceci est comparable à un agriculteur qui plante des arbres fruitiers. Bien qu'il en récolte les fruits chaque année, le corps de l'arbre reste en place et continue à produire de nouveaux fruits et des fruits de ses fruits. Il en est de même en ce qui concerne les grands mérites. Ils produisent continuellement de nouveaux fruits. Les *tsadiqim* mangent de ces fruits dans ce Monde-ci, mais le principe reste pour eux dans le Monde-à-Venir.

118

À quoi l'accomplissement de bonnes actions est-il comparable ? À un diamant précieux.

EXPLICATION – Un diamant est un objet de désir, mais tout le monde ne reconnaît pas ou n'apprécie pas sa grande valeur. Seuls les diamantaires experts peuvent discerner sa véritable valeur. Les bonnes actions sont comparables à cela. Tout le monde ne connaît pas et ne reconnaît pas la préciosité et la valeur de ceux qui s'impliquent dans les bonnes actions. Cela est dû au fait que la récompense des bonnes actions est cachée aux yeux de l'humanité. C'est ce qui est dit : « *Aucun œil n'a vu, Élohim, sauf Toi, ce qu'Il fera pour ceux qui L'attendent*[146] ».

De même que seules quelques personnes reconnaissent pleinement la valeur réelle d'une pierre précieuse, seules quelques personnes sautent sur l'occasion de l'acheter. Cela est dû au fait qu'une telle pierre est très chère et que tout le monde n'a pas la richesse nécessaire pour l'acheter, même s'ils reconnaissent et apprécient sa véritable valeur. Le même principe s'applique aux bonnes actions. Même si beaucoup reconnaissent qu'une personne qui accomplit de bonnes actions mérite une récompense doublée ou quadruplée, tout le monde n'est pas capable de maîtriser son *yétsér harâ* pour faire de bonnes actions et suivre le droit chemin. En effet, tout le monde ne peut pas supporter et surmonter les grandes difficultés et les souffrances qui accompagnent l'accomplissement des bonnes actions.

Cela est comparable au fait que tout le monde n'est pas assez riche pour acheter des pierres précieuses et des perles.

De même, lorsqu'une personne vient accomplir de bonnes actions, elle doit surmonter de nombreux obstacles qui l'empêchent de les accomplir. Une telle personne est comparable à un indigent qui ne peut se permettre d'acquérir la pierre précieuse qu'au prix de grands efforts et de grandes souffrances, comme la vente d'un grand nombre de ses biens. Cela est dû au fait que son *yétsér harâ* s'oppose à elle dès sa jeunesse.

------

[146] Esaïe 64:3.

119

> À quoi l'accomplissement de mauvaises actions est-il comparable ? À un marchand de vin qui possède un tonneau de vin gâté et qui veut le vider.

EXPLICATION - Toutes les actions et marchandises du *yétsér harâ* sont mauvaises et gâchées. Il souhaite donc s'en débarrasser. Ceci est comparable à un marchand de vin qui possède un tonneau de vin gâté et qui veut vider le vin du tonneau. Que fait-il ? Il fait savoir que son vin est à vendre. S'il parvient à le vendre, il est heureux. Cependant, s'il se rend compte qu'il ne peut pas le vendre, il donne le vin gratuitement. C'est parce que sa véritable intention n'est pas de vendre le vin, mais de vider le tonneau. Il en va de même avec le *yétsér harâ*. Comme toute sa marchandise est gâtée et pourrie, il essaie de la refourguer à un humain. S'il peut le convaincre d'acheter le péché contre de l'argent, il est heureux. Mais s'il ne peut pas le convaincre de l'acheter, il essaie de le convaincre de pécher avec son corps, sans dépenser d'argent.

120

> À quoi la pensée est-elle comparable ? Au labourage.

EXPLICATION – De même qu'une personne est incapable de planter ses cultures sans avoir d'abord labouré son champ, de même, une personne est incapable de faire des actes qui seront appropriés et droits si elle n'y pense pas auparavant. De plus, tout comme une personne qui laboure son champ plusieurs fois augmentera son produit de plusieurs fois, il en va de même pour la pensée. Celui qui contemple une chose pendant un long moment, en la retournant constamment dans son esprit, augmentera sa sagesse et sa connaissance et clarifiera ce qu'il souhaite accomplir. Il sera ainsi en mesure d'atteindre son objectif et de le mener à bien.

Or, de même que c'est le labourage qui permet aux plantes de développer de nombreuses racines dans les profondeurs du sol, de même c'est la pensée qui fournit les racines primaires à tous les actions humaines.

121

> **À quoi une bonne pensée est-elle comparable ? À quelqu'un qui consulte le roi.**

EXPLICATION – Lorsqu'une personne a une bonne pensée pour accomplir les commandements de *Yhwh* et faire de bonnes actions, cette pensée s'attache à *Yhwh*, béni soit-Il. Ceci parce que *Yhwh*, béni soit-Il, est bon, et que la bonté s'attache à la bonté. Ainsi, lorsque quelqu'un a de bonnes pensées, il peut être certain que *Yhwh*, béni soit-Il, se trouve dans son conseil. Il convient donc que de telles pensées se réalisent et même si elles ne se concrétisent pas dans la réalité, le mérite lui revient.

Ceci est comparable à une personne qui se présente devant le roi pour demander son conseil. Il dit au roi : « *Mon maître, mon roi, j'ai l'intention de te servir avec tel ou tel type de service et de faire ce qui est bon et approprié à tes yeux* ». Le roi se réjouit de ses paroles et le bénit pour qu'il aille et réussisse. S'il est confronté à des obstacles qui échappent à son contrôle et qu'il est empêché de réaliser effectivement sa bonne pensée, le roi le récompense néanmoins pour ses efforts et ses bonnes intentions. Le roi continue à vouloir lui accorder sa bonté, parce qu'il est droit dans ses pensées et ses intentions et qu'il désire vraiment servir le roi au maximum de ses capacités, alors que les obstacles qui le contrarient n'étaient pas sous son contrôle.

122

> À quoi les mauvaises pensées sont-elles comparables ? À quelqu'un qui se rebelle contre le roi.

EXPLICATION – Lorsqu'une personne a de mauvaises pensées et des intentions de péché, elle se retire du service de *Yhwh*, béni soit-Il, et se livre au service du *yétsér harâ*, auquel elle s'asservit. Ceci parce que le *yétsér harâ* est un accusateur qui se rebelle contre *Yhwh*, béni soit-Il.

Cette situation est comparable à celle d'une personne qui était un soldat du roi et qui a combattu ses ennemis dans les guerres du roi. Cependant, il a fait défection et est devenu un traître, aidant et encourageant les ennemis du roi en les nourrissant et en les armant d'armes de guerre pour combattre le roi. Y a-t-il quelqu'un de plus traître que lui ? Une telle personne se fait passer pour le serviteur du roi, mais s'allie à ses ennemis et les aide et les soutient dans leur rébellion contre lui.

123

> À quoi une bonne réputation est-elle comparable ? À un guerrier qui a conquis une grande forteresse avec grande force et main puissante.

EXPLICATION – Si une personne veut acquérir une bonne réputation, elle ne peut le faire qu'au prix de grands efforts. Elle doit prononcer des paroles belles et agréables, accomplir de nombreux actes de bonté dans le monde et fréquenter les grands et les sages. Elle doit être fermement attachée à la vérité, s'éloigner de tout ce qui est faux et faire face à de nombreuses dépenses et défis financiers pour y parvenir.

Cette situation est comparable à celle d'un guerrier qui vient conquérir une très grande et forte forteresse habitée par de nombreux puissants guerriers. Il devra rassembler de nombreux soldats autour de la forteresse et l'assiéger avec de nombreuses armes de guerre, obtenues à grands frais, et il devra endurer de nombreuses épreuves pour la conquérir. Il devra être courageux et persévérer à tout prix s'il espère la conquérir et la soumettre. De plus, même s'il réussit, il peut facilement perdre sa domination sur elle en peu de temps. Il en va de même pour une bonne réputation. Elle est difficile à acquérir, mais facile à perdre.

124

> **À quoi le partenariat est-il comparable ? Au pilier central d'un pont.**

EXPLICATION – Tant que le pilier central d'un pont reste intact, tout le monde peut passer dessus sans risque de danger. Cependant, si le pilier de pierre est affaibli ou endommagé, le pont doit être fermé, car il n'offre plus un passage sûr pour les personnes qui traversent la rivière.

De la même manière, la confiance qui existe entre les partenaires est comme le pilier central d'un pont. Tant que la confiance entre eux est intacte, le partenariat durera et ils trouveront le succès dans leurs entreprises. Ils pourront faire des affaires ensemble sur la base de la confiance qui existe entre eux et ne seront pas blessés ou endommagés, comme une personne qui passe sur un pont solide.

Cependant, si la confiance entre eux est endommagée ou détruite, c'est comme un pont dont le pilier est endommagé ou détruit. Celui qui tente de le traverser risque de tomber et de plonger vers la mort. De la même manière, lorsque la confiance fait défaut entre les partenaires, l'un d'entre eux peut être blessé de manière irréversible. Il doit donc examiner attentivement toutes les questions relatives à l'entreprise et se montrer extrêmement prudent à l'égard de son partenaire malhonnête. Cette situation est analogue à celle d'un pont dépourvu d'un solide pilier central, qui exige que tous ceux qui le franchissent fassent preuve d'une extrême prudence pour ne pas courir à la catastrophe.

De même que la force primaire des eaux profondes de la rivière se précipite au-delà du pilier central du pont, de même, l'aspect premier de tout partenariat doit être la confiance. Si la foi et l'honnêteté existent, le partenariat peut être maintenu et réussir, mais si la confiance est perdue, le partenariat est perdu.

125

À quoi les adolescents sont-ils comparables en matière de moralité ? À une bifurcation sur la route.

EXPLICATION – Un nourrisson est souillé par les impuretés du *yétsér harâ*, parce que sa Connaissance (*daâth*) et sa Compréhension (*tevounah*) sont encore cachées et invisibles. Lorsqu'il mûrit et atteint l'âge de treize ans, et qu'il commence à montrer des signes de Connaissance et de Compréhension, il est comparable à une personne qui se trouve à une bifurcation de la route. S'il ne sait pas où mène chaque chemin, il risque de se tromper et s'égarer.

De même, lorsqu'une personne arrive à l'âge de treize ans, elle se trouve à une bifurcation sur la route. Elle peut soit aller à droite, et suivre le chemin du bien, soit aller à gauche, et suivre le chemin du mal. Les reproches et les châtiments qu'elle reçoit à ce moment-là la guideront sur le chemin du bien, la sauvant ainsi du mal. Le chemin auquel elle s'habitue est celui qu'elle empruntera tous les jours de sa vie. À ce sujet, le roi Salomon a dit dans sa grande sagesse : « *Forme un jeune homme selon sa voie, même lorsqu'il vieillira, il ne s'en écartera pas[147]* ». Il a également déclaré : « *Ne refuse pas la discipline à un jeune homme. Si tu le frappes avec la verge, il ne mourra pas. Au contraire, frappe-le avec la verge et sauve son âme du Shéol[148]* ».

126

> **À quoi l'éthique dans le cœur d'un adolescent est-elle comparable ? À la période d'hiver pour les plantes.**

EXPLICATION – En période hivernale, le ciel est souvent couvert et il y a des vents forts, des tempêtes, des pluies, de la neige et de la glace. En hiver, les arbres et les plantes plongent leurs racines dans la terre et, grâce à la force de ces racines, ils reçoivent la force de former des branches et de développer des fruits à l'approche de l'été.

Un adolescent qui est correctement discipliné dans les voies de la *Torah* de *Yhwh* dès sa plus tendre enfance est comparable à cela. Le parent doit s'appliquer à garder l'adolescent sur le droit chemin et, s'il se conduit mal, il doit lui montrer un visage en colère, afin de le corriger. L'adolescent doit être réprimandé pour son mauvais comportement et en subir les conséquences. Ainsi, il développe de solides racines de sagesse, un comportement droit et la révérence des cieux.

Lorsque cet enfant quitte l'adolescence et devient un jeune homme, cela est comparable à l'été, car il produira de grandes branches et des fruits délicieux. À ce sujet, le roi Salomon a dit dans sa grande sagesse : « *La folie est attachée au cœur de l'adolescent, la verge et la discipline l'éloignent de lui[149]* ».

---

147 Proverbes 22:6.
148 Proverbes 23:13.
149 Proverbes 22:15.

Cependant, si un enfant n'est pas discipliné lorsqu'il est jeune, il est comparable à un arbre qui n'a pas développé de bonnes racines. Toutes ses actions seront donc creuses et déficientes et il ne produira rien de substantiel. C'est ce qui est dit : « *À peine plantés, à peine semés, ayant à peine racine en terre de leur tronc, il souffle aussi contre eux et ils sèchent. La tempête les emporte comme une paille*[150] ».

127

> **À quoi une personne qui tire plaisir du monde, mais qui ne s'implique pas pour en faire profiter le monde, est-elle comparable ? À un quelqu'un à qui le roi a donné un beau verger et qui a reçu l'ordre de l'entretenir, afin de profiter de ses fruits.**

EXPLICATION – L'homme a été créé dans le seul but de servir *Yhwh*, béni soit-Il, par un service complet, grâce auquel il tire un bénéfice du monde. En d'autres termes, le service de *Yhwh* doit être son occupation principale, tandis que le plaisir qu'il tire du monde doit être d'une importance secondaire.

Yhwh, béni soit-Il, a donc remis le monde entre les mains de l'homme, comme un roi qui accorde à quelqu'un un verger et lui demande de le garder et de le travailler. Mais si au lieu de le travailler, il fait le contraire et le ruine, mangeant, buvant et jouissant du monde sans penser à rien d'autre qu'à ses propres plaisirs physiques, il est coupable de désobéir au roi et de détruire le monde au lieu d'en profiter. Une telle personne est comparable à quelqu'un qui détruit le verger du roi, au lieu de le garder et de le cultiver.

Afin d'éviter cela, il convient qu'en se levant chaque matin, avant de manger ou de s'engager dans d'autres activités, une personne s'implique dans le service de *Yhwh*,

---

[150] Esaïe 40:24.

béni soit-Il, comme prier, faire la charité et des actes de bonté, agir avec droiture et faire de bonnes actions. Ceci est comparable à quelqu'un qui œuvre d'abord dans le verger du roi et qui ne mange de ses fruits qu'après. En revanche, s'il mange d'abord et en retire du plaisir, avant de servir *Yhwh*, béni soit-Il, il est condamné à la peine capitale, comme celui qui mange du verger du roi sans le cultiver.

128

À quoi le succès des riches est-il comparable ? À la pluie, tandis que le succès des pauvres comparable à la rosée.

EXPLICATION – Même s'il ne pleut que de temps en temps, il n'en reste pas moins que, parce qu'il pleut en abondance, cela fait pousser les plantes avec succès. Le succès des riches est comparable à cela car, bien qu'il pleuve de temps en temps, la pluie abondante le fait augmenter et croître, d'autant qu'il ne pleut pas tous les jours. De la même manière, la subsistance du riche ne dépend pas de *Yhwh*, béni soit-Il, sur une base quotidienne. Au contraire, *Yhwh* lui donne assez de richesse pour le faire vivre pendant plusieurs jours, comme la pluie qui fait vivre les plantes pendant plusieurs jours, même si les pluies ont cessé.

Or, la rosée fait vivre les plantes même en l'absence de pluie. De la même manière, les bénédictions de *Yhwh*, béni soit-Il, viennent aux pauvres et les soutiennent un peu à la fois, juste assez pour chaque jour. De même que la rosée ne cesse de descendre et vient quotidiennement, de même, *Yhwh*, béni soit-Il, est bon pour les pauvres quotidiennement et leur donne assez de subsistance pour chaque jour. Ceci est analogue à la rosée qui ne cesse de descendre et qui est présente chaque jour dans le monde.

129

> À quoi le plaisir de l'opulent est-il comparable ? À un champ qui est cultivé, mais qui reçoit trop de pluie. Le plaisir du pauvre dans sa pauvreté est comparable à un champ qui n'est pas cultivé, mais qui, lorsque les pluies arrivent, les absorbe avec grande soif.

EXPLICATION – S'il était véritablement exact que les riches éprouvent du plaisir dans tous les domaines à la mesure de leur richesse et que les pauvres souffrent dans tous les domaines à la mesure de leur pauvreté, nous ne trouverions jamais un pauvre qui a du plaisir ou un riche qui souffre. Or, tel n'est pas le cas. Au contraire, *Yhwh*, béni soit-Il, dirige Sa bonté sur toutes choses. Ainsi, bien que les riches aient une abondance de toutes les choses agréables, *Yhwh*, béni soit-Il, a retiré le goût de leur palais. En d'autres termes, bien qu'il tire effectivement du plaisir des nombreuses choses délicieuses dont il dispose, ce plaisir n'est pas proportionnel à l'abondance. Ceci est comparable à un champ qui est entièrement cultivé, mais qui reçoit plus d'eau que nécessaire, auquel cas, les plantes ne poussent pas à la mesure de l'abondance de l'irrigation. Il en va de même pour l'abondance des riches. Parce qu'elle est toujours facilement disponible, les riches ne peuvent pas apprécier le plein plaisir de leurs plaisirs.

En revanche, les pauvres sont comparés à un champ qui n'est pas correctement cultivé, mais qui, lorsque les pluies arrivent, les absorbe avec grande soif. Les plantes qui s'y trouvent en tirent un grand plaisir et commencent à pousser. De la même manière, *Yhwh*, béni soit-Il, a donné à la petite quantité dont les pauvres sont nourris la capacité de leur donner un grand plaisir et une grande joie. Par exemple, même si sa nourriture n'est pas de la meilleure qualité, il la trouve néanmoins délicieuse et succulente. En particulier, parce qu'elle n'est pas facilement disponible, il l'apprécie grandement et peut en tirer beaucoup plus de plaisir que l'homme riche qui dispose de toutes sortes de délices.

C'est un don que le Saint, béni soit-Il, a fait aux pauvres dans son abondante bonté. À ce sujet, le roi Salomon a déclaré dans sa grande sagesse : « *L'âme rassasiée piétinera un rayon de miel, mais pour l'âme affamée, toute amertume est douce[151]* ». Il a de même déclaré : « *Doux est le sommeil du travailleur, qu'il mange peu ou beaucoup, tandis que la satiété du riche ne le laisse pas dormir[152]* ».

130

> **À quoi un homme et sa femme sont-ils comparables ? Au soleil et à la lune.**

EXPLICATION – Le soleil éclaire le jour, tandis que la lune éclaire la nuit. De la même manière, le travail de l'homme et ses affaires se déroulent sur les places de marché et dans les rues. Ceci est comparable au soleil qui éclaire le jour et répand ses rayons dans toutes les directions. Le travail et l'engagement de la femme, en revanche, se font dans les chambres de sa maison, dans la modestie et l'intimité. C'est comme la lune qui brille la nuit, dont la lumière ne se répand pas partout, mais seulement dans les endroits que sa lumière atteint.

Or, le soleil est le premier luminaire, alors que la lune n'a pas de lumière propre, seulement ce qu'elle reçoit du soleil. De la même manière, la femme ne reçoit pas de bénédictions, de succès ou de fruits de ses entrailles, si ce n'est par l'intermédiaire de son mari. De plus, de même que l'orbite du soleil est au-dessus de l'orbite de la lune, de

---

[151] Proverbes 27:7.
[152] Ecclésiaste 5:11.

même la domination de l'homme dans sa maison est supérieure à la domination de la femme.

De plus, de même qu'à partir du moment où le soleil commence à briller le matin, la lumière de la lune s'annule devant lui, de même, il est inapproprié pour la femme de dominer son mari. Au contraire, elle doit l'honorer, le respecter et le servir. Or, de même qu'à partir du moment où le soleil est caché, la lune commence à s'éclairer et à briller, de même, une fois que son mari s'est endormi, la femme doit se lever alors qu'il fait encore nuit et commander à ses servantes et à sa maison, en prenant soin de tous les besoins du foyer et en assurant le succès de leurs possessions. À ce sujet, le roi Salomon a déclaré dans sa grande sagesse : « *Elle se lève lorsqu'il est encore nuit, et elle distribue la nourriture à sa famille, et la tâche à ses servantes[153]* ».

131

> **À quoi une femme pudique est-elle comparable ? À une pièce fermée.**

EXPLICATION – La pièce de la maison qui est fermée à clé est le sanctuaire intérieur d'une maison, car tout le monde ne peut y entrer. De la même manière, une femme pudique reste dans le sanctuaire de sa maison et tout le monde ne la voit pas. C'est à ce propos que l'Écriture déclare : « *Jardin fermé est ma soeur-fiancée[154]* », et de même : « *Toute sa gloire, fille du roi, est intérieure* ».

Lorsqu'une pièce est fermée à clé, tout le monde ne connaît pas son contenu. Il en va de même pour la femme pudique. Parce qu'elle est pudique, personne ne peut parler d'elle en mal ou en grossièreté, et en fin de compte, tout ce qu'ils peuvent montrer, c'est sa modestie. De même que tous

---

[153] Proverbes 31:15.
[154] Cantique des Cantiques 4:12

les objets précieux qu'une personne possède, tels que l'or, l'argent, les bijoux et les vêtements coûteux, sont conservés dans une chambre fermée à clé, il en va de même pour une femme pudique. Elle possède de nombreuses qualités vertueuses, précieuses et délicieuses et tout le monde ne fait que la chérir et l'estimer, comme une perle précieuse, ainsi qu'il est dit : « *Qui trouve une femme de valeur ? Son prix est plus grand que celui des perles* ».

133

> **À quoi une femme impudique est-elle comparable ?
> À une décharge d'ordures.**

EXPLICATION – Une décharge est un lieu librement ouvert au public, où chacun dépose ses ordures et ses excréments. Il en va de même pour une femme effrontée qui s'abandonne à parler de manière impudique avec tout le monde. Le résultat est que, finalement, ils parlent mal et grossièrement d'elle. Celui-ci souligne son impudicité et son impudence, celui-là sa grossièreté et sa disgrâce. Sa mauvaise réputation se répand ainsi et elle devient comme un dépotoir, puisque tout le monde déverse sur elle son indignation.

132

> **À quoi un bon mariage entre un homme et une femme est-il comparable ? À un tenon qui s'insère parfaitement dans une mortaise.**

EXPLICATION – Lorsqu'un mariage entre un homme et une femme est beau et béni des cieux, l'homme et la femme sont comparables à la forme de deux pièces assemblées, l'un en tenon et l'autre en mortaise. En raison de l'ajustement parfait, lorsque les deux sont unis, ils ne font qu'un et il n'y a pas de séparation entre eux. De la même manière, lorsque le mariage entre un homme et une femme est beau et béni des cieux, ils ne font qu'un. Tout ce que le mari dit est souhaitable et accepté par sa femme et tout ce qu'elle dit est souhaitable et accepté par son mari. Ils s'acceptent mutuellement de tout cœur pour ce qu'ils sont, et sont ainsi comparés aux deux formes d'un assemblage. Un tel mariage est agréable et délicieux, et ensemble, ils sont agréables et acceptés par tous ceux qu'ils rencontrent et toutes leurs journées sont remplies d'amour et de joie. C'est à propos d'un tel mariage que les sages, de mémoire bénie, ont dit : « *Celui qui reste sans femme, reste sans joie*[155] ».

133

> **À quoi un mariage qui n'est pas bon est-il comparable ? À deux joints qui dépassent.**

EXPLICATION – Lorsque le mariage entre un homme et une femme est difficile et rejeté des cieux, l'homme et la femme sont comparables à deux joints saillants qui ne s'emboîtent pas, en ce sens qu'ils ne peuvent pas s'accepter mutuellement. Tout ce que dit le mari n'est pas accepté dans le cœur de sa femme et tout ce que dit la femme n'est pas accepté dans le cœur du mari. Ainsi, ils se battent et se disputent sans cesse et ne parviennent jamais à s'entendre, car ils ne sont pas d'accord. Ceci est dû au fait qu'ils sont comme deux joints saillants qui ne s'emboîtent pas. Ainsi, chacun ne peut accepter l'opinion de l'autre et ils sont dans un état constant d'agitation et de disharmonie. Dans un tel mariage, soit il l'enterrera avant son heure, soit elle l'enterrera avant son heure, soit ils s'appauvriront.

---

[155] Talmud Bavli, Yevamoth 62b.

134

> À quoi les bijoux d'une femme sont-ils comparables ? À une maison.

EXPLICATION – Tout comme une personne ne fait pas de grands efforts pour décorer et embellir les murs extérieurs de sa maison, mais investit plutôt la plupart de ses ressources dans la décoration et l'embellissement du mobilier intérieur de sa maison, il en est de même pour une femme. Il est inapproprié pour elle de se parer de ses plus beaux bijoux et de ses plus beaux vêtements pour sortir. Elle devrait plutôt le faire dans l'intimité de sa maison pour son mari, afin d'être désirable pour lui, alors que, lorsqu'elle sort, elle ne devrait porter que des bijoux moyens, pour être présentable en public.

Nos sages, de mémoire bénie, ont raconté l'histoire d'une femme sage qui portait ses plus beaux vêtements et ses bijoux à la maison pour son mari, mais qui, lorsqu'elle sortait, ne portait que des vêtements et des bijoux ordinaires. On lui demanda : « *Pourquoi fais-tu cela ?* ». Et elle répondit : « *Tous les objets désirables et précieux de la maison sont en sécurité tant qu'ils restent à la maison. Cependant, lorsqu'ils sont sortis, ils ne sont plus en sécurité. Par conséquent, je laisse les objets précieux et désirables à l'intérieur de ma maison, où ils sont bien protégés* ».

135

> À quoi une personne qui est heureuse de son sort est-elle comparable ? À de l'huile.

EXPLICATION – De même qu'un grand récipient est rempli d'eau ou d'un autre liquide et qu'on y ajoute une petite quantité d'huile, l'huile monte à la surface et le récipient semble alors rempli d'huile, il en est de même pour une personne qui est heureuse de son sort. Bien qu'elle puisse avoir beaucoup de difficultés et de besoins et que sa maison soit vide de provisions, néanmoins, si elle gagne un petit bénéfice de ses entreprises, sa joie et sa satisfaction se reflètent sur son visage comme si sa maison était pleine de richesse et de propriété et elle se réjouit de son sort. C'est comme le peu d'huile qui flotte à la surface du récipient bien qu'il soit rempli d'autres liquides.

De plus, de même qu'un peu d'huile illumine la lampe plus que tous les autres liquides, de même, celui qui est heureux de son sort a beaucoup plus de joie et d'illumination que les très riches.

136

> **À quoi une personne envieuse est-elle comparable ?**
> **À une sangsue.**

EXPLICATION – Une sangsue a deux bouches. Par conséquent, elle n'est jamais satisfaite, même si elle suce du sang jusqu'au point d'éclater. Il en va de même pour une personne envieuse.

Bien qu'elle ait de grandes richesses et toutes sortes de succès, ses yeux ne sont jamais satisfaits.

137

> **À quoi la souffrance des méchants est-elle comparable ? À une énorme crue des eaux qui se précipitent sous les arches d'un pont.**

EXPLICATION – Lorsque des épreuves et des souffrances s'abattent sur les méchants, ils ne peuvent y résister, car ils n'y sont pas habitués. Bien contraire, à la moindre épreuve ou souffrance, ils perdent immédiatement leur confiance en *Yhwh* et abandonnent leur foi en Lui.

Ceci est comparable à une soudaine et redoutable crue des eaux qui se précipitent sous les arches d'un pont, détruisant ses fondations et l'arrachant de son emplacement. À ce sujet, il est dit : « *Quand l'orage passe, le méchant n'est plus, mais le juste est le fondement du monde[156]* ».

138

> **À quoi la souffrance des justes est-elle comparable ? À de puissantes eaux d'un orage qui se précipitent sous un pont construit sur des flotteurs.**

EXPLICATION – Lorsque le travail et la souffrance s'abattent sur les justes, plus la souffrance s'accumule sur eux, plus ils se renforcent et remplissent leur cœur de confiance et de foi en *Yhwh*, béni soit-Il. Ainsi, ils montent continuellement toujours plus haut.

Ceci est comparable à un pont construit sur des flotteurs. Même si des eaux puissantes et turbulentes d'un orage arrivent, le pont monte simplement et s'élève au-dessus d'elles. Ainsi, les eaux de l'orage ne peuvent pas l'arracher de sa place.

Il en va de même pour les justes. Lorsque la souffrance les atteint, ils renforcent et ajoutent à leur grande confiance et à leur espoir en *Yhwh*, béni soit-Il, et deviennent encore plus forts et plus fermes dans leur foi et leur confiance en Lui.

À ce sujet, l'Écriture dit : « *Quand il les tuait, ils s'enquéraient de lui, et se remettaient à chercher Él[157]* ».

---

[156] Proverbes 10:25.
[157] Psaumes 78:34.

139

> À quoi les épreuves auxquelles sont confrontés les méchants sont-elles comparables ? À une personne qui frappe avec une baguette un vase en terre défectueux.

EXPLICATION – Lorsqu'un potier souhaite démontrer la solidité de ses vases à ses clients potentiels et montrer qu'ils sont bien faits et solides, il teste leur résistance en frappant l'un d'eux avec une baguette. Si le vase est défectueux, il se brisera d'un seul coup. De plus, si les clients voient que ce vase est de mauvaise qualité, ils en déduiront que tous ses produits le sont également et n'achèteront pas chez lui.

Il en va de même pour une personne méchante. Si *Yhwh*, béni soit-Il, la met un peu à l'épreuve, sa foi se brise immédiatement et elle s'en déracine complètement et en vient à renier *Yhwh*. De plus, en agissant ainsi, elle ternit la réputation de tous les membres de sa nation, car les gens supposent que puisqu'elle est mauvaise, eux aussi doivent être mauvais.

140

> À quoi les épreuves auxquelles sont confrontés les Justes sont-elles comparables ? À celles d'un potier qui éprouve ses vases robustes et bien faits.

EXPLICATION – Lorsque le potier teste la solidité de ses vases et les frappe avec une baguette, ils résistent à l'impact et ne se brisent pas. Ainsi, le seul vase qu'il frappe agit comme un indicateur qui montre que tous ses vases sont robustes et bien faits. Ils sont ainsi appréciés et désirés par tous ses clients.

De même, lorsque *Yhwh*, béni soit-Il, met les Justes à l'épreuve, ils résistent aux épreuves et continuent à renforcer leur confiance et leur foi en *Yhwh*. Grâce à eux, *Yhwh*, béni soit-Il, est loué et glorifié par tous ceux qui les connaissent.

Ceci est similaire aux épreuves que notre père Abraham a endurées ou que Hananiah, Mishael et Azariah ont enduré dans la fournaise ardente, ou Daniel dans la fosse aux lions. L'Écriture dit à leur sujet : « *Il m'a dit : Tu es mon serviteur, Israël, toi en qui je resplendis* ».

141

> **À quoi ceux qui possèdent une compétence ou un métier sont-ils comparables ? À une personne qui sait nager.**

EXPLICATION – Toute personne qui apprend et possède une compétence ou un métier, même si elle est actuellement riche et n'a pas besoin financièrement de cette compétence, il est néanmoins possible qu'un jour elle perde sa richesse et doive subvenir honorablement à ses besoins, sans être dépendante, vivre avec de grandes difficultés ou mourir indigente. Cette situation est comparable à celle d'une personne qui sait nager. Si elle est soudainement prise dans une inondation ou si, en fuyant son ennemi, elle est bloquée par une masse d'eau, elle peut se sauver. Cependant, si elle ne sait pas nager, la mort sera proche.

142

> **À quoi l'honneur des riches est-il comparable ? À un seau plein, alors que l'honneur des pauvres est comparable à un seau vide.**

EXPLICATION – Lorsqu'un seau qui sert à puiser l'eau d'un puits est vide, on le descend dans le puits jusqu'à ce qu'il soit plein. Il en va de même pour le pauvre. Parce qu'il est vide, tout le monde le rabaisse, le dégrade et ne lui accorde aucun honneur. Il est donc comme le seau vide du puits. Cependant, une fois que le seau est plein, il est tiré hors du puits. De la même manière, lorsqu'un homme devient riche, tout le monde l'honore et élève sa stature, comme le seau plein qui est sorti du puits. À ce sujet, le roi Salomon a dit dans sa grande sagesse : « *Le pauvre est haï, même par son compagnon, les amoureux du riche sont nombreux*[158] ».

143

À quoi la paresse est-elle comparable ? Au paysan qui laisse son champ en friche.

EXPLICATION – *Yhwh*, béni soit-Il, donne à chaque personne la capacité de se dépenser et de faire des efforts pour trouver sa subsistance. Si une personne s'efforce de toutes ses forces mais n'est toujours pas capable de se nourrir, alors *Yhwh*, béni soit-Il, comble son manque et lui envoie sa nourriture.

L'effort et le dépassement de soi dans la recherche d'un moyen de subsistance sont comparables à un champ que l'on laboure et que l'on sème. L'humain fait ce qu'il est capable de faire, et une fois qu'il a labouré et semé son champ, c'est *Yhwh*, béni soit-Il, qui amène les nuages et souffle les vents, faisant tomber les pluies et pousser les plantes et les arbres pour qu'ils portent des fruits. Nous voyons donc que l'homme commence le travail et que *Yhwh*, béni soit-Il, l'achève.

Par conséquent, lorsqu'une personne commence par labourer et ensemencer son champ, elle crée un réceptacle pour que les bénédictions de *Yhwh* puissent y résider. De la même manière, lorsqu'une personne commence son travail

---

[158] Proverbes 14:20.

et travaille dans la mesure de ses capacités, *Yhwh*, béni soit-Il, comble son manque et lui envoie des bénédictions, afin qu'elle puisse subvenir à ses besoins. Cependant, si elle œuvre avec paresse ou si elle ne travaille pas du tout, elle ne recevra jamais de bénédictions. Cette situation est comparable à celle d'un paysan qui laisse son champ en friche, sans le labourer, ni le semer. Les vents et les pluies de bénédiction que *Yhwh* envoie ne l'aideront pas à faire pousser ses cultures, car en fait, il n'a pas planté de graines.

Or, *Yhwh*, béni soit-Il, fait vivre toute chair et fournit la subsistance à toutes les créatures, sauf aux paresseux. En effet, à cause de sa paresse et de son manque de travail, il se soustrait à la dépendance de *Yhwh*, car il n'a pas de réceptacle dans lequel les bénédictions de *Yhwh* pourraient demeurer. À ce sujet, le roi Salomon a déclaré dans sa grande sagesse : « *Le désir du paresseux le tue, car ses mains refusent de travailler[159]* ». Il a également déclaré : « *À cause de l'hiver, le paresseux ne laboure pas, lors de la moisson, il mendiera et n'aura rien[160]* ».

144

À quoi la confession des péchés est-elle comparable ? À un vomissement.

EXPLICATION – Tout comme quelqu'un qui mange de la nourriture avariée devient malade et nauséeux et regrette de l'avoir mangée, doit la vomir pour se sentir mieux, de même, celui qui a commis des péchés se voit ordonner par *Yhwh* de les vomir en confessant oralement ses péchés et en s'engageant à ne plus jamais les commettre. Il se sépare ainsi d'eux, tout comme il se séparerait de son vomi. Parce qu'il en est dégoûté, il s'en éloigne et ne supporte même pas de le

---

[159] Proverbes 21:25.
[160] Proverbes 20:4.

regarder. En revanche, s'il répète ses péchés après les avoir regrettés et confessés, il est comparable à un chien qui mange son propre vomi. À ce sujet, le roi Salomon a dit dans sa grande sagesse : « *Comme le chien qui retourne à son vomi, ainsi est l'insensé qui répète sa folie*[161] ».

145

> **À quoi les bonnes actions dans ce Monde-ci (*Ôlam haZéh*) sont-elles comparables ? À un paysan qui n'est pas paresseux à cause du froid et qui laboure et sème son champ en hiver.**

EXPLICATION – Ce Monde-ci (*Ôlam haZéh*) est le monde des actes, tandis que le Monde-à-Venir (*Ôlam haBa*) est le monde de la récompense. Ce Monde-ci est donc comparable à l'hiver, tandis que le Monde-à-Venir est comparable à l'été. Une personne qui veut faire de bonnes actions dans ce monde ne peut le faire sans défis et sans difficultés. C'est comme un paysan qui laboure et sème son champ en hiver. Pour ce faire, il doit endurer le froid, les vents, la pluie et la neige. Néanmoins, il est assidu et ne s'excuse pas de son travail à cause du mauvais temps.

Or, parfois, bien qu'il ait besoin de se nourrir avec les restes de grains de la saison passée, il se prive et sème les graines sur son champ. C'est parce qu'il met sa confiance en *Yhwh* que lorsque le temps de la récolte viendra, il récoltera à la fois le principe et le bénéfice. Les bonnes actions réalisées dans ce monde sont comparables à cela. Il faut avoir la foi que *Yhwh*, béni soit-Il, le récompensera généreusement dans le futur, si ce n'est pas dans ce Monde-ci, ce sera dans le Monde-à-Venir. Il doit les faire en comprenant que la récompense n'est pas immédiate.

---

[161] Proverbes 26:11.

146

> **À quoi les bonnes actions dans le Monde-à-Venir sont-elles comparables ? À un paysan qui récolte et rassemble son grain et ses fruits en été.**

EXPLICATION – Le Monde-à-Venir est comme le temps de la moisson. C'est le monde du repos et de la vie éternelle. C'est le monde dans lequel la récompense est accordée à l'être humain pour les actes qu'il a accomplis dans ce Monde-ci. Il est semblable à l'été, lorsque tous les fruits et les céréales qui ont été plantés en hiver sont récoltés.

Ainsi, l'homme doit labourer et semer les *mitsvoth* et les bonnes actions dans ce Monde-ci, afin de pouvoir récolter le fruit de ses bonnes actions et avoir la richesse et l'honneur dans le Monde-à-Venir.

En effet, le Monde-à-Venir est le monde éternel de la richesse et de l'honneur.

En vérité, la richesse et l'honneur n'ont pas été créés pour ce Monde-ci, qui est éphémère. Ils n'existent dans ce monde que pour donner à l'humain l'occasion de contempler que, de même qu'il en a besoin dans ce monde, qui est restreint, il en a d'autant plus besoin dans le Monde-à-Venir, qui est éternel. S'il ne corrige pas ses actes dans ce Monde-ci, il n'aura alors pas l'occasion de les corriger.

À ce sujet, le roi Salomon a dit dans sa grande sagesse : « *À cause de l'hiver, le paresseux ne laboure pas. Lors de la moisson, il mendiera et n'aura rien*[162] ».

---

[162] Proverbes 20:4.

147

> À quoi la richesse et l'honneur dans ce Monde-ci sont-ils comparables ? À quelqu'un qui possède la richesse et l'honneur à son domicile, mais qui ne les sort jamais de sa maison pour les exhiber devant les rois, les princes et les autres personnes importantes. Le Monde-à-Venir est comparable à une personne qui possède la richesse et l'honneur et qui se tient dans la cour du roi en compagnie de tous ses ministres, princes et personnes importantes.

EXPLICATION – La richesse et l'honneur de ce Monde-ci sont matériels et n'ont aucune valeur réelle, car une personne est ici aujourd'hui, mais disparaîtra demain.

Dans ce Monde-ci, bien qu'elle puisse recevoir beaucoup d'honneur d'un roi terrestre de chair et de sang, il existe néanmoins d'autres rois qui ne la reconnaissent pas et n'ont jamais entendu parler d'elle. Ainsi, toute la richesse et tout l'honneur qu'une personne reçoit dans ce Monde-ci sont comparables à quelqu'un qui a une grande richesse et un grand honneur dans sa propre maison, mais qui est un inconnu en dehors de sa maison.

Cependant, la richesse et l'honneur du Monde-à-Venir sont accordés à l'âme et sont révélés et rendus publics dans tous les mondes, car c'est le Roi, Roi des Rois, qui désire l'honorer. Ceci est analogue à une personne dont la richesse et l'honneur sont célèbres dans le monde entier. Ainsi, la richesse et l'honneur accordés par un roi terrestre de chair et de sang sont comparables à quelqu'un qui reçoit des honneurs dans sa propre maison.

Cependant, l'honneur que le Saint, béni soit-Il, accorde aux Justes, est comparable à une personne qui est honorée à la cour du roi.

Chacun devrait contempler toutes ces questions dès à présent, pendant qu'il vit encore dans ce Monde-ci et faire tout ce qui est en son pouvoir pour faire ce qui est juste et bon aux yeux du Saint, béni soit-Il, comme l'a dit le roi Salomon : « *Tout ce que ta main trouve à faire, fais-le !*[163] ». Il est également dit : « *Les ḥassidim (pieux) exultent en Gloire, ils jubilent sur leur couche*[164] ».

---

[163] Ecclésiaste 9:10.
[164] Psaumes 149:5.